Stephan Goldschmidt

Die Seele zum Klingen bringen

Stephan Goldschmidt

Die Seele zum Klingen bringen

Andachten und Impulse zu den Sonn- und Feiertagen des Kirchenjahres
Zur Predigtreihe I

neukirchener

FSC
www.fsc.org
MIX
Papier | Fördert
gute Waldnutzung
FSC® C018236

Bibliografische Information der Deutschen Nationalbibliothek:
Die Deutsche Nationalbibliothek verzeichnet diese Publikation in der Deutschen Nationalbibliografie; detaillierte bibliografische Daten sind im Internet über http://dnb.d-nb.de abrufbar.

Umschlaggestaltung: Grafikbüro Sonnhüter, www.grafikbuero-sonnhueter.de, unter Verwendung eines Bildes © elodea.proteus (shutterstock.com)
Lektorat: Anna Böck
Layout: Magdalene Krumbeck, Wuppertal
DTP: Burkhard Lieverkus, Wuppertal
Verwendete Schriften: Chaparral Pro, Priva ThreePro
Gesamtherstellung: Drukarnia Dimograf Sp. z o.o., Bielsko-Biała
Printed in Poland
ISBN 978-3-7615-6996-2

www.neukirchener-verlage.de

Inhalt

Vorwort

Kurz und knapp ist meistens besser als lang und behäbig. Das zeigt sich bei Grußworten, die sich allzu oft lang und länger ziehen. Und durch die ein Empfang manchmal geradezu zerredet wird. Aber auch Andachten können für Hörende langatmig wirken. Und bekommen am Ende dadurch kaum die Aufmerksamkeit, die sie verdienen. In diesem Buch finden sich kurze Impulse, die als Andachten genutzt werden können. Als Textgrundlage dienen Texte der Predigtreihe I. Sie ergänzen somit meine in den vergangenen Jahren entstandenen Impulse für die Predigtreihen III bis VI.

Die Impulse können als Andachten verwendet werden. Sie dauern eine Zeit, die für die heutige Zeit angemessen scheint: drei bis vier Minuten. Oder sie geben Pfarrerinnen und Pfarrern oder Prädikantinnen und Prädikanten eine Anregung innerhalb ihres Prozesses des Predigtmachens. Und schließlich können sie von Ehrenamtlichen in den kleinen Gottesdiensten gelesen werden, die ohne Mitwirkung von Haupt- und Nebenamtlichen gefeiert werden und die vermutlich in der Zukunft mehr und mehr an Bedeutung gewinnen werden.

Hannover, im Mai 2024
Stephan Goldschmidt

1. Sonntag im Advent

Lesung: Matthäus 21,1-11

Als sie in die Nähe von Jerusalem kamen,
nach Betfage an den Ölberg,
sandte Jesus zwei Jünger voraus und sprach zu ihnen:
Geht hin in das Dorf, das vor euch liegt.
Und sogleich werdet ihr eine Eselin angebunden finden
und ein Füllen bei ihr;
bindet sie los und führt sie zu mir!
Und wenn euch jemand etwas sagen wird,
so sprecht: Der Herr bedarf ihrer.
Sogleich wird er sie euch überlassen.
Das geschah aber, auf dass erfüllt würde,
was gesagt ist durch den Propheten, der da spricht:
„Sagt der Tochter Zion:
Siehe, dein König kommt zu dir sanftmütig
und reitet auf einem Esel
und auf einem Füllen, dem Jungen eines Lasttiers."
Die Jünger gingen hin
und taten, wie ihnen Jesus befohlen hatte,
und brachten die Eselin und das Füllen
und legten ihre Kleider darauf, und er setzte sich darauf.

Aber eine sehr große Menge breitete ihre Kleider auf den Weg;
andere hieben Zweige von den Bäumen
und streuten sie auf den Weg.
Das Volk aber, das ihm voranging und nachfolgte,
schrie und sprach: Hosianna dem Sohn Davids!
Gelobt sei, der da kommt in dem Namen des Herrn!
Hosianna in der Höhe!
Und als er in Jerusalem einzog,
erregte sich die ganze Stadt und sprach: Wer ist der?
Das Volk aber sprach:
Das ist der Prophet Jesus aus Nazareth in Galiläa.

IMPULS: Der Einzug Jesu in Jerusalem stimmt ein auf den Advent. Auf Jesu Zur-Welt-Kommen. Die Menge jubelt Jesus zu, als er in die Stadt Jerusalem kommt. Er sitzt auf einem Esel, auf einem Tier, das zu Jesus passt. Er kommt nicht hoch zu Ross. Er reitet nicht wie ein Mächtiger. Er blickt bei seinem Einzug nicht von oben herab auf die Leute. Lieber will er den Menschen auf Augenhöhe begegnen. Darum wird der Gottessohn ja geboren und lebt als Mensch unter Menschen in unserer Welt.

Die Leute sind neugierig auf Jesus. Manche haben von ihm bereits gehört. Und haben große Erwartungen an ihn. Sie breiten Kleider vor ihm aus und Zweige. Damit wollen sie ihn ehren. Können auch wir Jesus so empfangen? Können wir Jesus ähnlich herzlich aufnehmen in unsere Welt, in unser Leben, in unsere Herzen? Uns innerlich daran beteiligen, dass er kommt? Damit er auch zu uns kommt. Darauf kommt es nämlich an im Advent. Wir bereiten uns darauf vor, dass Jesus in unser Leben einzieht. Nur dann ist Weihnachten nicht allein ein Fest, das wir mit lieben Menschen feiern. Oder nur eine Erinnerung, dass Jesus vor zweitausend Jahren in Bethlehem geboren wurde. Bernhard von Clairvaux spricht davon, dass Jesus dreimal kommt. Einmal in der Vergangenheit bei seiner Menschwerdung. Dann wird er bei seiner Wiederkunft kommen – am Ende der Zeiten. Und dann gibt es noch den „mittleren Advent", in dem Jesus hier und heute in die Herzen der Menschen einzieht. Jedes Kommen Jesu ist wichtig. Die Vergangenheit, die Gegenwart und die Zukunft. Aber im aktuellen Advent kommt es darauf an, dass wir heute beteiligt sind an seinem Kommen. Dass Jesus gegenwärtig Raum findet in unseren Herzen.

Wir wissen, dass die Menge, die Jesus am Palmsonntag zujubelt, bald ihre Einstellung ändert. Heute bereiten die Männer und Frauen Jesus einen tollen Empfang. Aber wenige Tage später fordern sie seine Hinrichtung. Vermutlich sind sie enttäuscht von Jesus. Sie hatten Erwartungen an ihn, die er nicht erfüllen wollte oder konnte. Auch heute enttäuscht Jesus manchmal Erwartungen. Die Kunst ist es, sich deshalb nicht von ihm abzuwenden, sondern die Enttäuschungen in Neugierde umzuwandeln.

2. Sonntag im Advent

Lesung: Jesaja 35,3-10

Stärkt die müden Hände
und macht fest die wankenden Knie!
Sagt den verzagten Herzen:
„Seid getrost, fürchtet euch nicht!
Seht, da ist euer Gott!
Er kommt zur Rache;
Gott, der da vergilt, kommt und wird euch helfen."
Dann werden die Augen der Blinden aufgetan
und die Ohren der Tauben geöffnet werden.
Dann wird der Lahme springen wie ein Hirsch,
und die Zunge des Stummen wird frohlocken.
Denn es werden Wasser in der Wüste hervorbrechen
und Ströme im dürren Lande.
Und wo es zuvor trocken gewesen ist, sollen Teiche stehen,
und wo es dürre gewesen ist, sollen Brunnquellen sein.

Wo zuvor die Schakale gelegen haben,
soll Gras und Rohr und Schilf stehen.
Und es wird dort eine Bahn sein
und ein Weg, der der heilige Weg heißen wird.
Kein Unreiner darf ihn betreten;
nur sie werden auf ihm gehen;
auch die Toren dürfen nicht darauf umherirren.
Es wird da kein Löwe sein
und kein reißendes Tier darauf gehen;
sie sind dort nicht zu finden,
sondern die Erlösten werden dort gehen.
Die Erlösten des Herrn werden wiederkommen
und nach Zion kommen mit Jauchzen;
ewige Freude wird über ihrem Haupte sein;
Freude und Wonne werden sie ergreifen,
und Schmerz und Seufzen wird entfliehen.

IMPULS: „Seid getrost, fürchtet euch nicht!“ Das klingt schon fast nach Weihnachten. Nach dem Engel, der den Hirten am Heiligen Abend die Geburt Jesu bekanntmacht. Oder nach den Worten des Engels Gabriel an Maria, als er ihr verkündet, dass sie bald schwanger sein und einen Sohn gebären wird, dessen Name Jesus lauten soll. Das mag der Grund sein, warum dieser Text für den zweiten Advent ausgewählt wurde. Und doch ist es wichtig, Jesajas Verheißung nicht sofort christlich zu vereinnahmen. Die Worte des Propheten richteten sich ursprünglich an die aus Israel Verbannten. Ihnen gilt die Zusage, dass Gott sie nicht allein lässt. Dass er zu ihnen kommen wird.

Für sein Volk wird Gott den Weg ebnen, der sie zurückbringen wird in ihre unfreiwillig verlassene Heimat. Dieser Weg ist allein für die Exilierten reserviert. Nur sie dürfen ihn betreten, um zurückzukehren zum Zion, zum Tempel in Jerusalem. Diese Rückkehr liegt aber noch in der Ferne. Noch kann selbst der Prophet die Hoffnung auf das Ende des Exils der tristen Gegenwart lediglich als Vision entgegenstellen. Und die Exilierten selbst sind nicht in der Lage, ihre Rückkehr ins Land der Verheißung zu organisieren. Das kann nur mit Gott und seiner Hilfe geschehen. Wenn er kommt, dann geschehen lauter Wunder: Blinde können dann wieder sehen, Gehörlose hören. Lahme werden herumspringen wie Hirsche. Stumme werden frohlocken. Und Wasser wird aus der Wüste quellen.

Später wird Jesus auf die Frage des Täufers Johannes auf diese Vision aus dem 35. Kapitel des Jesaja zurückgreifen. Als der ihn fragen lässt, ob er der ist, der da kommen soll, sagt Jesus zu den Johannesjüngern: „Blinde sehen und Lahme gehen, Aussätzige werden rein und Taube hören, Tote stehen auf, und Armen wird das Evangelium gepredigt.“ (Matthäus 11,5) Insofern ist es durchaus berechtigt, die Verheißungen als Hinweis auf das Kommen Jesu zu verstehen. Denn in der Begegnung mit Jesus erleben manche, dass die Verheißung des Propheten Jesaja sich erfüllt.

3. Sonntag im Advent

Lesung: Römerbrief 15,4-13

Was zuvor geschrieben ist,
das ist uns zur Lehre geschrieben,
damit wir durch Geduld und den Trost der Schrift Hoffnung haben.
Der Gott aber der Geduld und des Trostes gebe euch,
dass ihr einträchtig gesinnt seid untereinander,
wie es Christus Jesus entspricht,
damit ihr einmütig mit einem Munde Gott lobt,
den Vater unseres Herrn Jesus Christus.
Darum nehmt einander an,
wie Christus euch angenommen hat zu Gottes Ehre.
Denn ich sage:
Christus ist ein Diener der Beschneidung geworden
um der Wahrhaftigkeit Gottes willen,
um die Verheißungen zu bestätigen,
die den Vätern gegeben sind;
die Heiden aber sollen Gott die Ehre geben
um der Barmherzigkeit willen,
wie geschrieben steht:

„Darum will ich dich loben unter den Heiden
und deinem Namen singen.“ (Psalm 18,50)
Und wiederum heißt es:
„Freut euch, ihr Heiden, mit seinem Volk!“ (5. Buch Mose 32,43)
Und wiederum:
„Lobet den Herrn, alle Heiden,
und preisen sollen ihn alle Völker!“ (Psalm 117,1)
Und wiederum spricht Jesaja:
„Es wird kommen der Spross aus der Wurzel Isais,
und der wird aufstehen, zu herrschen über die Völker;
auf den werden die Völker hoffen.“ (Jesaja 11,10)
Der Gott der Hoffnung aber
erfülle euch mit aller Freude und Frieden im Glauben,
dass ihr immer reicher werdet an Hoffnung
durch die Kraft des Heiligen Geistes.

IMPULS: In der Adventszeit braucht es ganz viel Geduld. Das lernen wir schon als Kinder. Wenn sich die Zeit bis zum Heiligen Abend lang und länger hinzieht. Aber nur durch dieses geduldige Warten entfaltet Weihnachten seinen Zauber. Wir müssen diese Geduld aufbringen, damit Weihnachten bei uns ankommt. Und Gott wirklich zu uns kommt. Im 15. Kapitel des Römerbriefes verwendet Paulus neben der Geduld noch weitere vier große Substantive, die genauso gut zum Advent passen: Trost, Hoffnung, Freude und Frieden.

Da ist der *Trost*. Gott sendet seinen Sohn wie einen Trost für die Traurigen. Jesus kommt nicht zu den Reichen und Satten. Das zeigt sich schon in seiner Geburt in einem Stall. Und arme Hirten sind die Ersten, die davon erfahren. Später kümmert sich Jesus um die gesellschaftlichen und religiösen Außenseiter. Er setzt sich mit Zöllnern und Sündern an einen Tisch. So schenkt er ihnen Hoffnung, dass Gott sie genauso annimmt, wie er es tut.

Advent ist auch eine Zeit der *Hoffnung*. Weil wir uns vor Weihnachten bereit machen, damit Gott nicht allein in Bethlehem zur Welt kommt, sondern auch hier und heute. Im Advent machen wir uns bereit, damit Gott in unser Leben einzieht. Er soll heil machen, was kaputt ist. Auch in unseren Beziehungen in der Familie, am Arbeitsplatz und der Gemeinde.

Vor allem aber ist Advent eine Zeit des *Friedens*. Nicht nur des äußeren, sondern auch des inneren Friedens. Der ist aktuell alles andere als selbstverständlich und muss immer wieder von Gott geschenkt werden. Das gilt auch im Kleinen und Familiären.

Am Ende schenkt der Advent *Freude*. Letztlich ist der Advent eine zentrale Lebenseinstellung, mit Gott zu rechnen und seinem Kommen in unsere Welt.

Doch ganz so einfach ist das nicht. Nicht überall geht es an Weihnachten friedlich zu. Und es ist nicht die reine Freude, wie wir uns auf dieses Fest vorbereiten. In manchen Familien fließen gerade in der Zeit um Weihnachten vermehrt Tränen, weil die Erwartungen so hochgesteckt sind, dass es zu Enttäuschungen kommt. Oder alle haben ihre je eigene Vorstellung, wie Weihnachten gefeiert werden soll. So gehört zum Advent die Mahnung, sich gegenseitig in aller Unterschiedlichkeit anzunehmen. Weil wir von Christus angenommen sind. Wenn wir von ihm geliebt werden, können wir eigentlich gar nicht anders, als diese Liebe weiterzugeben. Und doch ist das eine der größten Herausforderung der christlichen Lebenskunst, der wir uns jedes Jahr im Advent und an Weihnachten stellen müssen.

4. Sonntag im Advent

Lesung: Lukas 1,[26-38]39-56

[Zu der Zeit wurde der Engel Gabriel von Gott gesandt
in eine Stadt in Galiläa, die heißt Nazareth,
zu einer Jungfrau, die vertraut war
einem Mann mit Namen Josef vom Hause David;
und die Jungfrau hieß Maria.
Und der Engel kam zu ihr hinein und sprach:
Sei gegrüßt, du Begnadete! Der Herr ist mit dir!
Sie aber erschrak über die Rede
und dachte: Welch ein Gruß ist das?
Und der Engel sprach zu ihr: Fürchte dich nicht, Maria!
Du hast Gnade bei Gott gefunden.
Siehe, du wirst schwanger werden und einen Sohn gebären,
dem sollst du den Namen Jesus geben.
Der wird groß sein und Sohn des Höchsten genannt werden;
und Gott der Herr wird ihm
den Thron seines Vaters David geben,
und er wird König sein über das Haus Jakob in Ewigkeit,
und sein Reich wird kein Ende haben.
Da sprach Maria zu dem Engel:
Wie soll das zugehen,
da ich doch von keinem Manne weiß?
Der Engel antwortete und sprach zu ihr:
Der Heilige Geist wird über dich kommen,
und die Kraft des Höchsten wird dich überschatten;
darum wird auch das Heilige, das geboren wird,
Gottes Sohn genannt werden.

Und siehe, Elisabeth, deine Verwandte,
ist auch schwanger mit einem Sohn, in ihrem Alter,
und ist jetzt im sechsten Monat,
sie, von der man sagt, dass sie unfruchtbar sei.
Denn bei Gott ist kein Ding unmöglich.
Maria aber sprach: Siehe, ich bin des Herrn Magd;
mir geschehe, wie du gesagt hast.
Und der Engel schied von ihr.]
Maria aber machte sich auf in diesen Tagen
und ging eilends in das Gebirge zu einer Stadt in Juda
und kam in das Haus des Zacharias und begrüßte Elisabeth.
Und es begab sich, als Elisabeth den Gruß Marias hörte,
hüpfte das Kind in ihrem Leibe.
Und Elisabeth wurde vom Heiligen Geist erfüllt
und rief laut und sprach:
Gesegnet bist du unter den Frauen,
und gesegnet ist die Frucht deines Leibes!
Und wie geschieht mir,
dass die Mutter meines Herrn zu mir kommt?
Denn siehe, als ich die Stimme deines Grußes hörte,
hüpfte das Kind vor Freude in meinem Leibe.
Ja, selig ist, die da geglaubt hat!
Denn es wird vollendet werden,
was ihr gesagt ist von dem Herrn.
Und Maria sprach: Meine Seele erhebt den Herrn,
und mein Geist freuet sich Gottes, meines Heilandes;
denn er hat die Niedrigkeit seiner Magd angesehen.

Siehe, von nun an werden mich selig preisen alle Kindeskinder.
Denn er hat große Dinge an mir getan,
der da mächtig ist und dessen Name heilig ist.
Und seine Barmherzigkeit währet für und für
bei denen, die ihn fürchten.
Er übt Gewalt mit seinem Arm
und zerstreut, die hoffärtig sind in ihres Herzens Sinn.
Er stößt die Gewaltigen vom Thron
und erhebt die Niedrigen.
Die Hungrigen füllt er mit Gütern
und lässt die Reichen leer ausgehen.
Er gedenkt der Barmherzigkeit
und hilft seinem Diener Israel auf,
wie er geredet hat zu unsern Vätern,
Abraham und seinen Nachkommen in Ewigkeit.
Und Maria blieb bei ihr etwa drei Monate;
danach kehrte sie wieder heim.

IMPULS: Eine tolle Geschichte, die der Evangelist Lukas erzählt: Das junge, schwangere Mädchen Maria besucht ihre ältere Verwandte Elisabeth. Maria hat gehört, dass auch Elisabeth schwanger ist, obwohl sie als unfruchtbar gegolten hatte. Maria scheint Elisabeths Nähe zu suchen, um nicht allein zu sein in ihrer eigenen Schwangerschaft, die sie sich kaum erklären kann. Kaum ist Maria bei Elisabeth angekommen, ruft diese begeistert: „Wie geschieht mir, dass die Mutter meines Herrn zu mir kommt?“ Was werden diese Worte bei Maria ausgelöst haben? Spürt sie, dass sie wertgeschätzt wird, obwohl sie ein junges und schwangeres Mädchen ist und ganz unten steht in der gesellschaftlichen Ordnung? Hier scheinen die weltlichen Maßstäbe außer Kraft gesetzt. Die ältere Frau schätzt das junge Mädchen weit höher ein als gewohnt. Wie es auch Jesus tun wird, mit dem Maria schwanger ist. Auch er wird die Unbeachteten und Verachteten bald wertschätzen und sich mit ihnen an einen Tisch setzen.

Maria antwortet auf die Begrüßung durch Elisabeth mit ihrem berühmten Lobgesang: „Meine Seele erhebt den Herrn und mein Geist freut sich Gottes, meines Heilandes.“ Sie beginnt zunächst bei ihrer Erfahrung mit Gott. Und vollzieht dann einen Weg, der vom Kleinen und Persönlichen zum Großen führt. Gott hat sie angesehen und aus der Geschichte herausgehoben. Er ordnet die Welt neu. Er wird die Mächtigen entmachten und an ihre Stelle die Schwachen setzen. Er kümmert sich um die Benachteiligten statt um die, die schon alles haben.

Noch ist es ein weiter Weg, bis das geschieht. Maria muss noch viel erleiden. Sie wird hochschwanger mit Josef lange vergeblich eine Unterkunft in einer der Herbergen in Bethlehem suchen. Sie wird Jesus in einem Stall zur Welt bringen an einem dunklen und kalten Ort, in dem es stickig ist und stinkt. Und dann wird sie ihren Sohn mehr und mehr loslassen müssen. Zuletzt muss sie zusehen, wie er am Kreuz wie ein gemeiner Verbrecher stirbt. Und doch ist das Ziel schon vor Jesu Geburt da: Gott kommt und wird die Welt vollständig ändern.

Christvesper

Lesung: Jesaja 9,1-6

Das Volk, das im Finstern wandelt, sieht ein großes Licht,
und über denen, die da wohnen im finstern Lande,
scheint es hell.
Du weckst lauten Jubel,
du machst groß die Freude.
Vor dir freut man sich, wie man sich freut in der Ernte,
wie man fröhlich ist, wenn man Beute austeilt.
Denn du hast ihr drückendes Joch,
die Jochstange auf ihrer Schulter
und den Stecken ihres Treibers
zerbrochen wie am Tage Midians.
Denn jeder Stiefel, der mit Gedröhn dahergeht,
und jeder Mantel, durch Blut geschleift,
wird verbrannt und vom Feuer verzehrt.
Denn uns ist ein Kind geboren, ein Sohn ist uns gegeben,
und die Herrschaft ist auf seiner Schulter;
und er heißt Wunder-Rat, Gott-Held,
Ewig-Vater, Friede-Fürst;
auf dass seine Herrschaft groß werde
und des Friedens kein Ende auf dem Thron Davids
und in seinem Königreich,
dass er's stärke und stütze durch Recht und Gerechtigkeit
von nun an bis in Ewigkeit.
Solches wird tun der Eifer des Herrn Zebaoth.

IMPULS: Der Heilige Abend lässt es hell werden in den Wohnungen und Herzen. Mitten in der dunkelsten Jahreszeit bekommt das Licht eine besondere Bedeutung. Der Lichterbaum, der ab dem 19. Jahrhundert von Deutschland aus populär wurde, symbolisiert den Kern der Weihnacht auf besondere Weise: Ein Baum, der bis vor kurzem noch im Wald stand, findet seinen Platz mitten in einer Wohnung. Er ist festlich geschmückt und wird von Kerzen erleuchtet. An Weihnachten scheinen Gegensätze überwunden. Natur und Kultur, Erde und Himmel finden zu einer Einheit. Und das nährt die Hoffnung, dass der Friede, der vom Kind in der Krippe ausgeht, allen Streit, jede Kriegsdrohung und jeden Machtmissbrauch überwinden wird.

Die Worte des Propheten Jesaja klingen so weihnachtlich, dass wir ihren ursprünglichen Sinn fast übersehen: Die Verheißung, dass Gott sein Volk aus dem Exil erretten wird. Wie damals wird sich Gott jetzt um die Seinen kümmern. Er wird die Jochstange – das Symbol der Knechtschaft – zerbrechen und zwar auf wundersame Weise.

Bei Gott gelten die Maßstäbe nicht, die sich gewöhnlich in der Welt durchsetzen. Größe und Stärke stößt er zur Seite. Kriegsstiefel und Uniformen beeindrucken ihn nicht. Sie sollen vielmehr verbrannt werden. Gott schickt ein machtloses Kind und legt ihm die Herrschaft auf die Schulter. Es wird ohne die üblichen Machtkämpfe zum König über Gottes Volk. Seine Herrschaft wird durch Frieden, Recht und Gerechtigkeit geprägt. Von dieser Vision des Propheten Jesaja ist es nur ein kurzer Weg bis zur christlichen Weihnachtshoffnung. Dass Gott in unsere Welt kommt. In dem Kind in der Krippe. Das nicht in einem Palast geboren wird, sondern an einem dunklen, unwirtlichen Ort. Wie in Jesajas Friedensvision verströmt an Weihnachten ein neugeborenes Kind das göttliche Licht. Es vertreibt als Friede-Fürst die Dunkelheit und schenkt der ganzen Welt seinen Frieden.

Christnacht

Lesung: 1. Timotheusbrief 3,16

Groß ist, wie jedermann bekennen muss,
das Geheimnis des Glaubens:
Er ist offenbart im Fleisch,
gerechtfertigt im Geist,
erschienen den Engeln,
gepredigt den Heiden,
geglaubt in der Welt,
aufgenommen in die Herrlichkeit.

IMPULS: Der christliche Glaube ist ein Geheimnis. Das wird an Weihnachten besonders deutlich, dem Fest, an dem wir die Menschwerdung Gottes feiern. Dass Gott in einem Kind zur Welt kommt und sich in Jesus Christus offenbart, weckt lauter Fragen. Wenn überhaupt, hebt sich der Schleier, hinter dem das Geheimnis des Glaubens erkennbar wird, an Weihnachten nur ein wenig. Ganz hinter den Schleier werden wir in diesem Leben nicht blicken. Erst in der Ewigkeit, wenn wir Gott „von Angesicht zu Angesicht" begegnen (1. Korintherbrief 13,12), mag sich das ändern. Und doch zeigt sich am Heiligen Abend, dass wir schon jetzt dem Geheimnis des Glaubens wenigstens ein wenig näherkommen. Weil Gott in Jesus unter den Bedingungen der Welt geboren wird und sein Wesen mitten unter uns Menschen anschaulich wird.

So beschreibt es auch das Bekenntnislied, das der Schreiber des 1. Timotheusbriefes zitiert. Es umschreibt das Geheimnis des Glaubens in sechs paarweise geordneten Versen. Da wird Gott gepriesen, der im Fleisch offenbart wurde, also in Jesus Mensch geworden ist. Nach seinem Kreuzestod wurde Jesus auferweckt, obwohl er wie ein Schwerverbrecher hingerichtet wurde. Sein Leben wurde im Geist gerechtfertigt. Er erschien den Engeln und wird den Menschen aller Völker als Grund ihres Glaubens verkündet. Ihm wird in der Welt geglaubt und er wird zugleich in die himmlische Herrlichkeit aufgenommen. Die himmlische und die irdische Welt sind so in Christus miteinander verbunden.

Diese sechs Verse umschreiben das Geheimnis des Glaubens, ohne es aufzulösen. Das ist auch gut so. Denn ein Glaube, der mit wenigen Worten beschrieben werden könnte und der ohne Zweifel und Fragen bliebe, würde seinem eigenen Wesen widersprechen. Er wäre kein Glaube, sondern eine Sache des Wissens. Er könnte gelernt und an den Fingern abgezählt werden. Doch der Glaube bleibt uns Menschen immer ein wenig fragil. Er bleibt stets ein Geheimnis.

Christfest I

Lesung: Johannes 1,1-5.9-14[16-18]

Im Anfang war das Wort,
und das Wort war bei Gott,
und Gott war das Wort.
Dasselbe war im Anfang bei Gott.
Alle Dinge sind durch dasselbe gemacht,
und ohne dasselbe ist nichts gemacht, was gemacht ist.
In ihm war das Leben,
und das Leben war das Licht der Menschen.
Und das Licht scheint in der Finsternis,
und die Finsternis hat's nicht ergriffen.
Das war das wahre Licht,
das alle Menschen erleuchtet, die in diese Welt kommen.
Es war in der Welt,
und die Welt ist durch dasselbe gemacht;
und die Welt erkannte es nicht.
Er kam in sein Eigentum;
und die Seinen nahmen ihn nicht auf.

Wie viele ihn aber aufnahmen,
denen gab er Macht, Gottes Kinder zu werden:
denen, die an seinen Namen glauben,
die nicht aus menschlichem Geblüt
noch aus dem Willen des Fleisches
noch aus dem Willen eines Mannes,
sondern aus Gott geboren sind.
Und das Wort ward Fleisch und wohnte unter uns,
und wir sahen seine Herrlichkeit,
eine Herrlichkeit als des eingeborenen Sohnes vom Vater,
voller Gnade und Wahrheit.
[Von seiner Fülle haben wir alle genommen Gnade um Gnade.
Denn das Gesetz ist durch Mose gegeben;
die Gnade und Wahrheit ist durch Jesus Christus geworden.
Niemand hat Gott je gesehen;
der Eingeborene, der Gott ist und in des Vaters Schoß ist,
der hat es verkündigt.]

IMPULS: Gott und Welt gehören manches Mal enger zusammen als wir ahnen. So wird Gott als Mensch geboren und unterwirft sich den Bedingungen der Welt. Das ist die Kernbotschaft von Weihnachten. Und gerade die ist kaum zu begreifen, nur schwer zu verstehen. Wie schwer es fällt, zu glauben, dass Gott in einem Kind zur Welt kommt und dass er in dem Menschen Jesus in die Geschichte eingeht, zeigt sich im Prolog des Johannesevangeliums. Dort heißt es, dass Gott in sein Eigentum kommt. Er kommt zu seinem Volk. Aber die Seinen nehmen ihn nicht auf. Gerade die, bei denen Jesus lebt, erkennen ihn vielfach nicht. Sie können in ihm nicht den sehen, der er ist und für sie sein soll.

Der Beginn des Johannesevangeliums stellt das Kommen Gottes in die Welt in einen großen Zusammenhang. Letztlich in den größten, der denkbar ist: Die weihnachtliche Heilsgeschichte setzt hier nicht mit der Geburt Jesu an. Sie hat vielmehr schon lange vorher begonnen – bereits vor der Schöpfung der Welt. Jesus Christus wird von Johannes als ewiges Wort Gottes verstanden. Und dieses Wort war ganz am Anfang der Welt längst da. Es ist so alt wie Gott selbst. Und ist mit ihm im Kern eins: „Das Wort war bei Gott und Gott war das Wort." Bei der Schöpfung entstehen dann, vermittelt durch das göttliche Wort, Himmel und Erde. Gott erschafft die Welt in einem Sprechakt. Alle Dinge bildet er durch sein Wort. Darum kommt Gott im Sinne des Johannes bei der Geburt Jesu in sein Eigentum. Er betritt den Boden, den er selbst erschaffen hat. Das geschieht, indem das Wort Fleisch wird. Das ewige Wort Gottes wird zu einem sterblichen Menschen. Das ist so schwer zu begreifen, dass viele Jesus nicht aufnehmen.

Und doch findet Jesus bei manchen seiner Zeitgenossen Glauben. Gerade die religiösen und gesellschaftlichen Außenseiter sind es, die offen sind für Gottes Liebe, die er ihnen nahebringt. Sie werden zu seinen Brüdern und Schwestern und gehören damit zu den Kindern Gottes. Mit ihnen setzt er sich zusammen, isst und trinkt mit denen, die ausgestoßen sind aus der damaligen Gesellschaft. Bei Jesus finden sie schon im Hier und Jetzt das Reich Gottes.

Christfest II

Lesung: Römerbrief 1,1-7

Paulus, ein Knecht Christi Jesu, berufen zum Apostel,
ausgesondert zu predigen das Evangelium Gottes,
das er zuvor verheißen hat durch seine Propheten
in der Heiligen Schrift,
von seinem Sohn,
der geboren ist aus dem Geschlecht Davids
nach dem Fleisch,
der eingesetzt ist als Sohn Gottes in Kraft
nach dem Geist, der da heiligt,
durch die Auferstehung von den Toten –
Jesus Christus, unserm Herrn.
Durch ihn haben wir empfangen Gnade und Apostelamt,
den Gehorsam des Glaubens um seines Namens willen
aufzurichten unter allen Heiden,
zu denen auch ihr gehört,
die ihr berufen seid von Jesus Christus.
An alle Geliebten Gottes und berufenen Heiligen in Rom:
Gnade sei mit euch und Friede von Gott, unserm Vater,
und dem Herrn Jesus Christus!

IMPULS: Ein Briefbeginn, der es in sich hat. Nicht nur, weil er an die Christen in der Hauptstadt des mächtigen römischen Reiches gerichtet ist. Sondern vor allem, weil Paulus hier seinen besonderen Auftrag in wenigen Worten zusammenfasst. Er weiß sich von Jesus Christus zum Heidenapostel berufen. Für ihn ist es wichtig, direkt von ihm beauftragt zu sein, den christlichen Glauben den Heiden zu verkündigen. Dass er sich als Gesandter Christi vorstellt, ergibt zu Beginn des Briefes Sinn, schließlich kennt ihn kaum jemand vor Ort. Allerdings beschreibt sich Paulus auch als Knecht Christi. Er lebt in dieser Spannung: Er ist zunächst Sklave Christi und zugleich dessen Bevollmächtigter.

Für den zweiten Weihnachtsfeiertag wurde der Beginn des Römerbriefes ausgesucht, weil hier die Frage nach der Herkunft Jesu Christi gestellt wird. Paulus beschreibt dessen Herkunft aus menschlicher und göttlicher Sicht. Auf den ersten Blick und nach menschlichem Ermessen stammt Jesus aus dem Geschlecht Davids. Aber durch Gottes Geist wird er zum Sohn Gottes erhoben. Bei Paulus geschieht das nicht aufgrund einer übernatürlichen Zeugung, sondern durch Gottes Handeln an Ostern. Durch die Auferstehung von den Toten wird Jesus nach Ansicht des Paulus zu Christus, zum Gegenstand des Glaubens. Indem Gott ihn auferweckt, erhöht er ihn und erklärt ihn zu seinem Sohn. Das ist eine theologisch weiterführende Weise, Menschheit und Gottheit Jesu Christi zusammenzudenken. Sie bildet eine Ergänzung zur Vorstellung der Evangelien, insbesondere dem Prolog des Johannesevangeliums, wo die Gottessohnschaft schon vor der Zeit gedacht ist.

Es ist gut, dass es diese Vielfalt der Vorstellungen im Neuen Testament gibt. Hier zeigt sich, wie schwierig es ist, das Geheimnis von Weihnachten zu verstehen und zu begreifen. Dass Gott Mensch wird und als Mensch unter Menschen lebt und wir gerade deshalb an ihn glauben, ist ein Wunder, auf das sich Paulus ganz und gar einlässt. Er richtet sein Leben auf Christus aus, lässt sich in seinen Dienst berufen und gründet seine ganze Existenz auf ihn.

1. Sonntag nach dem Christfest

Lesung: Matthäus 2,13-18[19-23]

Der Engel des Herrn erschien dem Josef im Traum und sprach:
Steh auf, nimm das Kindlein und seine Mutter mit dir
und flieh nach Ägypten und bleib dort, bis ich dir's sage;
denn Herodes hat vor, das Kindlein zu suchen,
um es umzubringen.
Da stand er auf und nahm das Kindlein und seine Mutter
mit sich bei Nacht und entwich nach Ägypten
und blieb dort bis nach dem Tod des Herodes,
auf dass erfüllt würde, was der Herr
durch den Propheten gesagt hat, der da spricht:
„Aus Ägypten habe ich meinen Sohn gerufen." (Hosea 11,1)
Als Herodes nun sah, dass er von den Weisen betrogen war,
wurde er sehr zornig
und schickte aus und ließ alle Knaben in Bethlehem töten
und in der ganzen Gegend,
die zweijährig und darunter waren,
nach der Zeit, die er von den Weisen genau erkundet hatte.
Da wurde erfüllt, was gesagt ist durch den Propheten Jeremia,
der da spricht:
„In Rama hat man ein Geschrei gehört,
viel Weinen und Wehklagen;
Rahel beweinte ihre Kinder
und wollte sich nicht trösten lassen,
denn es war aus mit ihnen." (Jeremia 31,15)

[Als aber Herodes gestorben war,
siehe, da erschien der Engel des Herrn dem Josef im Traum
in Ägypten und sprach:
Steh auf, nimm das Kindlein und seine Mutter mit dir
und zieh hin in das Land Israel;
sie sind gestorben, die dem Kindlein
nach dem Leben getrachtet haben.
Da stand er auf
und nahm das Kindlein und seine Mutter mit sich
und kam in das Land Israel.
Als er aber hörte, dass Archelaus in Judäa König war
anstatt seines Vaters Herodes,
fürchtete er sich, dorthin zu gehen.
Und im Traum empfing er einen Befehl
und zog ins galiläische Land
und kam und wohnte in einer Stadt mit Namen Nazareth,
auf dass erfüllt würde, was gesagt ist durch die Propheten:
Er soll Nazoräer heißen.]

IMPULS: Endlich kommt Josef in den Blick. Gewöhnlich ist es um ihn in der Advents-und Weihnachtszeit eher still. Da geht es in der Heiligen Familie vor allem um Maria und um das Jesuskind. Josef steht im Hintergrund. Und zwar dauerhaft. Nur der Evangelist Matthäus nimmt ihn etwas genauer in den Blick. So erzählt Matthäus, wie ihm der Engel im Traum begegnet und ihn damit beauftragt, mit Maria und dem gerade geborenen Jesus nach Ägypten zu fliehen. Jesus ist in Lebensgefahr, sagt der Engel. König Herodes trachtet ihm nach dem Leben. Sobald die Weisen ihm sagen, wo er den neugeborenen König findet, will er ihn aufspüren und umbringen lassen.

Josef macht, was ihm der Engel sagt. Er wird so zum Retter des Heilandes. Er tut das, was getan werden muss. Der Engel muss ihn dafür nicht lange bitten. Josef steht noch in der Nacht auf und zieht mit Maria und dem Jesuskind nach Ägypten. So ist Josef. Er handelt umgehend und verlässlich. So kennen wir ihn auch aus dem Weihnachtsevangelium des Lukas. Wo er mit Maria zur Volkszählung nach Bethlehem zieht, um dem Gebot von Kaiser Augustus zu entsprechen. Maria ist zu diesem Zeitpunkt hochschwanger. Umso dringender braucht sie einen Raum in einer der Herbergen. Josef kümmert sich und klappert die Herbergen ab. Aber er findet keinen geeigneten Raum, an dem Maria nach der beschwerlichen Reise unmittelbar vor der Geburt Jesu wieder zu Kräften kommt. Doch Josef kümmert sich. Schließlich zieht er sich mit ihr in einen Stall zurück. Er bleibt an ihrer Seite und hilft ihr bei der Geburt.

Wenige Tage später verlässt Josef seine Heimat. Er zieht in das fremde Land Ägypten, um Jesus vor Herodes in Sicherheit zu bringen. Und bleibt dort, bis er vom Tod des Jerusalemer Königs hört. Später zieht er nach Galiläa in die Stadt Nazareth. Josef steht zwar an Weihnachten nur im Halbschatten. Aber er nimmt doch eine wichtige Rolle ein. Er ist entscheidend wichtig, damit Jesus überhaupt zur Welt kommt. Ohne ihn könnten wir vermutlich nicht die Geburt Jesu feiern.

Altjahrsabend

Lesung: Jesaja 51,4-6

Merke auf mich, mein Volk,
hört mich, meine Leute!
Denn Weisung wird von mir ausgehen,
und mein Recht will ich gar bald
zum Licht der Völker machen.
Denn meine Gerechtigkeit ist nahe, mein Heil tritt hervor,
und meine Arme werden die Völker richten.
Die Inseln harren auf mich und warten auf meinen Arm.
Hebt eure Augen auf gen Himmel
und schaut unten auf die Erde!
Denn der Himmel wird wie ein Rauch vergehen
und die Erde wie ein Kleid zerfallen,
und die darauf wohnen, werden wie Mücken dahinsterben.
Aber mein Heil bleibt ewiglich,
und meine Gerechtigkeit wird nicht zerbrechen.

IMPULS: Am letzten Tag eines Jahres blicken viele Menschen zurück auf das, was in den letzten zwölf Monaten geschehen ist: im gesellschaftlich-politischen Bereich, aber auch im persönlichen Umfeld. Außerdem richten viele den Blick in die Zukunft: mit Hoffnung, aber auch mit Sorge. Am Jahreswechsel stellt sich meistens die Frage: Was kommt auf uns zu, auf unsere Lieben und auf unser Land und auf die ganze Welt? Gesundheit, Glück, Friede oder Krankheit, Krieg, Terror, Hungersnöte? An kaum einem Zeitpunkt des Jahres wird so deutlich wie am Jahreswechsel, wie sehr wir Menschen Gott brauchen. „Merke auf mich, mein Volk, hört mich, meine Leute!" Diese Mahnung aus Jesaja 51 passt zum Altjahrsabend. Es ist gerade am Jahreswechsel gut, auf Gott und sein Wort zu achten. Und sich fest vorzunehmen, im neuen Jahr mehr an Gott zu denken als bisher. Das muss nicht auf weltfremde Weise sein, sondern so, wie es Jesaja beschreibt: indem wir die Augen gen Himmel heben und gleichzeitig auf das blicken, was auf Erden geschieht. Himmel und Erde im Blick halten – wäre das nicht ein Vorsatz, der zum Jahreswechsel passt? Im Alltagstrott fällt es leider häufig schwer, den Kopf zu heben und in den Himmel zu blicken. Dabei tut jeder Blick in den Himmel der Seele gut, macht das Herz frei von den üblichen Alltagssorgen. Es ist auch nicht leicht, auf das, was auf der Erde geschieht, zu sehen. Wir nehmen unsere Umwelt in aller Regel selektiv wahr. Wir sehen oft nur, was wir sehen wollen. An der Not eines Obdachlosen, der in der Fußgängerzone sitzt, blicken wir oft vorbei. Wir wollen sie nicht zu Herzen nehmen.

Der Blick in den Himmel und auf die Erde ist wichtig, auch wenn beide nicht ewig Bestand haben. Jesaja schreibt, dass die Erde zerfallen wird wie der Stoff eines Kleides. Und dass selbst der Himmel sich wie Rauch auflösen wird. Doch damit sagt er nicht, dass danach nichts mehr sein wird. Gott und seine Welt bleiben ewig. Davon ist der Prophet Jesaja überzeugt. Das ist ein hoffnungsvoller Gedanke am Ende des alten und am Beginn des neuen Jahres.

Neujahrstag

Lesung: Josua 1,1-8

Nachdem Mose, der Knecht des Herrn, gestorben war,
sprach der Herr zu Josua, dem Sohn Nuns, Moses Diener:
Mein Knecht Mose ist gestorben;
so mach dich nun auf und zieh über den Jordan,
du und dies ganze Volk,
in das Land, das ich ihnen, den Israeliten, gebe.
Jede Stätte, auf die eure Fußsohlen treten werden,
habe ich euch gegeben,
wie ich Mose zugesagt habe.
Von der Wüste bis zum Libanon
und von dem großen Strom Euphrat
bis an das große Meer gegen Sonnenuntergang,
das ganze Land der Hetiter, soll euer Gebiet sein.
Es soll dir niemand widerstehen dein Leben lang.
Wie ich mit Mose gewesen bin, so will ich auch mit dir sein.
Ich will dich nicht verlassen noch von dir weichen.

Sei getrost und unverzagt;
denn du sollst diesem Volk das Land austeilen,
das ich ihnen zum Erbe geben will,
wie ich ihren Vätern geschworen habe.
Sei nur getrost und ganz unverzagt,
dass du hältst und tust in allen Dingen
nach dem Gesetz, das dir Mose, mein Knecht, geboten hat.
Weiche nicht davon, weder zur Rechten noch zur Linken,
auf dass du es recht ausrichten kannst,
wohin du auch gehst.
Und lass das Buch dieses Gesetzes
nicht von deinem Munde kommen,
sondern betrachte es Tag und Nacht,
dass du hältst und tust in allen Dingen
nach dem, was darin geschrieben steht.
Dann wird es dir auf deinen Wegen gelingen,
und du wirst es recht ausrichten.

IMPULS: Das ist mal eine klare Ansage, die Gott Josua macht. Klipp und klar sagt er dem Nachfolger von Mose, wie er mit dem Volk Israel über den Jordan in das Land der Verheißung ziehen soll. Dann gibt er ihm noch jede Menge Verhaltensregeln: Die Thora, also die von Gott geschenkten Gebote, soll er halten. Er soll weder zur Rechten noch zur Linken von den göttlichen Anweisungen abweichen. Er soll sie täglich vor Augen haben. Besonders wichtig erscheint allerdings, dass Josua den Weg in das verheißene Land getrost und unverzagt zurücklegt. Gott sagt ihm zu, mit ihm zu sein. Er wird ihn begleiten auf dem Weg in das Land, in dem Milch und Honig fließen sollen.

Das ist deshalb so wichtig, weil der Weg in das Land der Verheißung nicht ganz so einfach war, wie es zunächst scheint. Das Land war nicht leer. Dort lebten große und mächtige Völker, die ihr Eigentum verständlicherweise nicht hergeben wollten und massiv Widerstand leisteten. Wir wissen, dass das Land von kulturell hochstehenden Völkern besiedelt war. Das Land war damals auch nicht so fruchtbar, wie es die Symbolik von Milch und Honig nahelegt. Das Volk Israel musste damit umgehen, dass es in den Randlagen auf den Bergen und in der Steppe auch karges Gebiet gab. Nur in diesen Randgebieten fand Gottes Volk zunächst Raum. Es brauchte einige Zeit, bis es im verheißenen Land sesshaft wurde. Von Beginn an gab es Streit um das verheißene Land. Die Konflikte waren über die Jahre komplexer geworden. Wem das Land gehört, ist bis heute nicht geklärt. Inzwischen fließen staatliche Interessen mit religiösen Hintergründen zusammen.

Im übertragenen Sinn kann es uns bei der Landnahme des neuen Jahres auch so gehen. Die ersten Tage und Wochen mögen leicht scheinen. Aber je länger das neue Jahr dauert, desto mehr Unvorhergesehenes und Überraschendes kommt auf uns zu. Manche Abschnitte des neuen Jahres sind wenig fruchtbar. Dazu kommt, dass wir Menschen uns meist nur begrenzte Zeit an den guten Vorsätzen orientieren, die wir uns am Jahreswechsel vornehmen. Da ist es gut, sich im neuen Jahr von Gott begleitet zu wissen. Dann können wir uns ähnlich wie Josua getrost und unverzagt den Herausforderungen stellen, die auf uns zukommen.

2. Sonntag nach dem Christfest

Lesung: 1. Johannesbrief 5,11-13

Das ist das Zeugnis,
dass uns Gott das ewige Leben gegeben hat,
und dieses Leben ist in seinem Sohn.
Wer den Sohn hat, der hat das Leben;
wer den Sohn Gottes nicht hat, der hat das Leben nicht.
Das habe ich euch geschrieben,
damit ihr wisst, dass ihr das ewige Leben habt,
euch, die ihr glaubt an den Namen des Sohnes Gottes.

IMPULS: Zu Beginn eines neuen Jahres stellen sich große Fragen: Habe ich den richtigen Platz im Leben gefunden? Fühle ich mich richtig, wo ich bin? Oder gibt es noch unerfüllte Sehnsüchte und Träume, die zu meinem Leben gehören und denen ich unbedingt nachgehen will? Bin ich angenommen von denen, mit denen ich mein Leben teile? Bin ich beruflich an der richtigen Stelle? Welche Ziele setze ich mir noch? Was nehme ich mir vor in meiner Freizeit? Auf Familie und Freundeskreis werden viele am Anfang eines Jahres mit Dankbarkeit blicken. Aber auch hier gibt es offene Wünsche und Träume. Die meisten nehmen sich für das neue Jahr vor, mehr Zeit miteinander zu verbringen, mehr zuzuhören und verständnisvoller zu sein.

Neben diese wichtigen Lebensfragen kommen bei manchen vielleicht auch geistliche Fragen in den Blick. Es ist zwar nicht ungefährlich, sich in Glaubensfragen Ziele zu setzen. Allzu schnell kommt es zu dem Missverständnis, als hätten wir unseren Glauben in der eigenen Hand. Wir können unseren Glauben aber nicht selbst machen. Doch wir können sorgsam mit ihm umgehen. Es tut gut, sein Inneres ernst zu nehmen und den Glauben zu pflegen. Der Schreiber des 1. Johannesbriefes vergleicht den Glauben an Jesus Christus mit erfülltem Leben, das bis in die Ewigkeit reicht: „Wer den Sohn hat, der hat das Leben."

Wer die Ewigkeit in den Blick nimmt, steht im Verdacht, das Heute geringzuschätzen. Doch wer mit dem Blick auf die Ewigkeit lebt, geht in der Regel mit dem Hier und Jetzt besonders achtsam um. Was ich heute tue oder lasse, wo ich rede oder schweige, bekommt nämlich eine Bedeutung, die bis in die Ewigkeit reicht. Nichts ist vor diesem Hintergrund irrelevant, nichts ist vergessen. Das könnte direkt Angst machen, wenn das ewige Leben allein davon abhinge. Aber es ist Gott, der uns das ewige Leben schenkt. Ja, er hält es für uns bereits jetzt bereit, behauptet der Schreiber des ersten Johannesbriefes. Er bezeugt, „dass uns Gott das ewige Leben gegeben hat." Schon jetzt hat die Ewigkeit für die begonnen, die an Jesus Christus glauben.

Fest der Erscheinung des Herrn: Epiphanias

Lesung: Matthäus 2,1-12

Da Jesus geboren war zu Bethlehem in Judäa
zur Zeit des Königs Herodes,
siehe, da kamen Weise aus dem Morgenland
nach Jerusalem und sprachen:
Wo ist der neugeborene König der Juden?
Wir haben seinen Stern aufgehen sehen
und sind gekommen, ihn anzubeten.
Als das der König Herodes hörte, erschrak er
und mit ihm ganz Jerusalem,
und er ließ zusammenkommen
alle Hohenpriester und Schriftgelehrten des Volkes
und erforschte von ihnen,
wo der Christus geboren werden sollte.
Und sie sagten ihm: In Bethlehem in Judäa;
denn so steht geschrieben durch den Propheten:
„Und du, Bethlehem im Lande Juda,
bist mitnichten die kleinste unter den Fürsten Judas;
denn aus dir wird kommen
der Fürst, der mein Volk Israel weiden soll." (Micha 5,1)

Da rief Herodes die Weisen heimlich zu sich
und erkundete genau von ihnen,
wann der Stern erschienen wäre,
und schickte sie nach Bethlehem und sprach:
Zieht hin und forscht fleißig nach dem Kindlein;
und wenn ihr's findet, so sagt mir's wieder,
dass auch ich komme und es anbete.
Als sie nun den König gehört hatten, zogen sie hin.
Und siehe, der Stern, den sie hatten aufgehen sehen,
ging vor ihnen her,
bis er über dem Ort stand, wo das Kindlein war.
Da sie den Stern sahen, wurden sie hocherfreut
und gingen in das Haus und sahen das Kindlein
mit Maria, seiner Mutter,
und fielen nieder und beteten es an
und taten ihre Schätze auf
und schenkten ihm Gold, Weihrauch und Myrrhe.
Und da ihnen im Traum befohlen wurde,
nicht wieder zu Herodes zurückzukehren,
zogen sie auf einem andern Weg wieder in ihr Land.

IMPULS: Die Weisen aus dem Morgenland gehören zu Epiphanias entscheidend hinzu. Sie zeigen, dass Gott in der Welt Spuren hinterlässt, die entdeckt werden können. Die Weisen unterscheiden sich vom machtbewussten König Herodes. Die hochgradig achtsamen Männer kommen aus einer ganz anderen Welt und sind weit gereist. Sie sind neugierig und offen. Sie denken nicht in erster Linie an sich und ihre Interessen. Herodes ist aus einem ganz anderen Holz geschnitzt. Das zeigt sich besonders im zweiten Kapitel des Matthäusevangeliums. Er kommt nicht auf die Idee, den neuen König anzubeten. Ihm geht es nur darum, seine eigene Macht zu festigen.

Doch die Weisen aus dem Morgenland haben die lange Reise genau deshalb angetreten, um dem neugeborenen König zu huldigen. Sie wollen ihm Ehre erweisen und ihn anbeten. In ihrer Heimat haben sie einen besonderen Stern gesehen. Der ihnen die Geburt des neuen Königs verheißen hat. Und sie haben sich rufen lassen. Seither zieht der Stern vor ihnen her und zeigt ihnen den Weg. Doch als sie nach Jerusalem kommen, scheint ihnen der Stern aus den Augen geraten zu sein. Sie wissen nicht, wohin sie gehen sollen. Und so suchen sie im Königspalast – also dort, wo Könige in aller Regel geboren werden. Dort jagen sie aber Herodes mit ihrer Frage nach dem neugeborenen König einen riesigen Schrecken ein. Der fürchtet um seine Macht. Er ist ja König bloß im Auftrag der römischen Besatzungsmacht. Seine Macht ist hochgradig begrenzt. Umso mehr versucht er, daran festzuhalten. Darum trommelt er alle zusammen, die wissen können, wo der verheißene Messias zur Welt kommen soll. Die Priester und Schriftgelehrten kommen aufgrund ihrer Schriftstudien zu dem Schluss, dass der ganz in der Nähe geboren werden soll: in Bethlehem. Dorthin schickt Herodes die Weisen. Sie sollen nach dem neugeborenen König suchen, ihn anbeten und ihm danach sagen, wo sie ihn gefunden haben. Dass er ihn nicht anbeten, sondern umbringen will, verschweigt er den Weisen aber.

Kaum haben die Weisen den Königspalast verlassen, geht der Stern wieder vor ihnen auf. Er zieht vor ihnen her und bleibt dort stehen, wo sie Maria mit dem neugeborenen Jesus finden. Sie beten ihn an und schenken ihm Gold, Weihrauch und Myrrhe. Danach zieht es sie direkt in ihre Heimat. Im Traum sagt ihnen ein Engel, bloß nicht zu Herodes zurückzukehren. Mit ihrer Achtsamkeit retten die Weisen Jesus das Leben.

1. Sonntag nach Epiphanias

Lesung: Josua 3,5-11.17

Josua sprach zum Volk: Heiligt euch,
denn morgen wird der Herr Wunder unter euch tun.
Und Josua sprach zu den Priestern:
Hebt die Bundeslade auf und geht vor dem Volk her!
Da hoben sie die Bundeslade auf
und gingen vor dem Volk her.
Und der Herr sprach zu Josua:
Heute will ich anfangen,
dich groß zu machen vor ganz Israel,
damit sie wissen: Wie ich mit Mose gewesen bin,
so werde ich auch mit dir sein.
Und du gebiete den Priestern, die die Bundeslade tragen, und sprich:
Wenn ihr an das Wasser des Jordans herankommt,
so bleibt im Jordan stehen.
Und Josua sprach zu den Israeliten: Herzu!
Hört die Worte des Herrn, eures Gottes!
Daran sollt ihr merken, dass ein lebendiger Gott unter euch ist
und dass er vor euch vertreiben wird
die Kanaaniter, Hetiter, Hiwiter, Perisiter,
Girgaschiter, Amoriter und Jebusiter:
Siehe, die Lade des Bundes des Herrn der ganzen Erde
wird vor euch hergehen in den Jordan.
Und die Priester, die die Lade des Bundes des Herrn trugen,
standen still im Trockenen mitten im Jordan.
Und ganz Israel ging auf trockenem Boden hindurch,
bis das ganze Volk über den Jordan gekommen war.

IMPULS: Können wir Gott mitten in der Welt erkennen? Erleben wir das Wirken seines Geistes – zumindest hin und wieder, vielleicht zu besonderen Zeiten? Solche Fragen stellen sich in der Epiphaniaszeit. Auch bei der Bundeslade, die im Alten Testament eine wichtige Rolle spielt, geht es um die Frage, ob Gott hier besonders nahe ist. Sie ist ein hochheiliger Gegenstand, um den sich Priester kümmern. Sie ist ein Zeichen, dass Gott mit seinem Volk den Weg durch die Wüste zieht. Sie ist geradezu ein Symbol für Gottes Gegenwart. Das Besondere an der Bundeslade ist, dass sie transportiert werden kann. Durch sie zeigt Gott, dass er mit seinem Volk unterwegs ist und es nicht allein lässt. Natürlich muss die Bundeslade ins verheißene Land mitkommen. Später wird sie einen festen Platz im Jerusalemer Tempel finden.

Als sich dem Volk Israel auf seinem Weg ins Land der Verheißung ein Hindernis entgegenstellt, spielt die Bundeslade eine besondere Rolle. Der Jordan muss durchquert werden. Josua gibt den Priestern den Auftrag, die Lade vor dem Volk herzutragen. Als Zeichen, dass Gott seinem Volk vorangeht in das Land, das er ihnen schenken will. Sobald sie im Wasser des Jordan sind, sollen sie stehen bleiben. So sagt es Josua den Priestern. Vielleicht klingt diese Anweisung des jungen Mannes in den Ohren der Fachleute merkwürdig, ja, geradezu verrückt. Die Bundeslade ist doch ein besonders kostbarer Gegenstand auf der Reise. Sollte sie nicht besser so schnell wie möglich raus aus der Gefahrenzone, die ein Fluss ja stets ist? Sollte sie nicht als Erstes in das neue Land kommen? Erstaunlich, dass die Priester Josua gehorchen, dem Nachfolger Moses. Dann geschieht ein Wunder: Der Flussspiegel sinkt. Es ist, als wiederhole sich das, was die Israeliten schon bei der Flucht vor den Ägyptern erlebt haben, als der Ostwind das Wasser des Schilfmeers zur Seite blies. Die Israeliten können trockenen Fußes das verheißene Land betreten. Sie erleben, dass Gott mitten in der Welt wirkt.

2. Sonntag nach Epiphanias

Lesung: Römerbrief 12,9-16

Die Liebe sei ohne Falsch.
Hasst das Böse, hängt dem Guten an.
Die brüderliche Liebe untereinander sei herzlich.
Einer komme dem andern mit Ehrerbietung zuvor.
Seid nicht träge in dem, was ihr tun sollt.
Seid brennend im Geist.
Dient dem Herrn.
Seid fröhlich in Hoffnung,
geduldig in Trübsal,
beharrlich im Gebet.
Nehmt euch der Nöte der Heiligen an.
Übt Gastfreundschaft.
Segnet, die euch verfolgen;
segnet, und verflucht sie nicht.
Freut euch mit den Fröhlichen,
weint mit den Weinenden.
Seid eines Sinnes untereinander.
Trachtet nicht nach hohen Dingen,
sondern haltet euch zu den niedrigen.
Haltet euch nicht selbst für klug.

IMPULS: Als Erstes fallen die großen Verben auf: das Böse hassen, fröhlich sein, sich geduldig und beharrlich verhalten, segnen, sich freuen und weinen. Dazu kommt noch das Substantiv Liebe. Diese großen Worte stammen aus dem zweiten Teil des Römerbriefes, in dem Paulus eine christliche Ethik entwirft. Er beschreibt hier die Tugenden, die das christliche Leben auszeichnen: Wir Christen sollen auf der Seite der Liebe stehen und das Böse ablehnen. Außerdem sollen wir nicht träge sein, sondern leidenschaftlich brennen. Wir sollen Gott dienen, fröhlich und geduldig sein und beharrlich beten. Wir sollen uns gastfreundlich verhalten und die Menschen segnen, statt sie zu verfluchen. Und es wäre gut, wenn wir uns mit den Fröhlichen freuen und mit den Weinenden weinen. Auffallend ist, dass die Verben überwiegend positiv klingen. Das Christenleben ist weder langweilig noch trist. Es ist vielmehr bestimmt von einer inneren Fröhlichkeit.

Nun haben große Worte meist eine Kehrseite. Es fällt nicht leicht, sie in das Leben zu übertragen. Sie klingen richtig und schlüssig. Aber es ist schwer, sie tatsächlich zu füllen. Außerdem klingen sie immer formelhafter, je häufiger wir sie hören. „Seid fröhlich in Hoffnung“ bedeutet, dass der christliche Glauben der Seele guttut. Er hilft, den Blick zu heben auf das Gute, das auf uns zukommt. Wir können uns heute schon freuen über die Verheißungen Gottes. Und solche Freude sollte möglichst geteilt werden. Darum gehört als zweite Mahnung hier direkt dazu: „Freut euch mit den Fröhlichen!" Wir sollen uns mit anderen über ihr Glück freuen. Und unsere Freude mit unseren Gästen teilen. Doch das bedeutet nicht, das Negative auszublenden. Für Paulus gehört direkt zur Freude mit den Fröhlichen die Trauer mit den Traurigen. Wer sich mit den Fröhlichen freut, kann auch mit den Weinenden weinen. Gerade in den Tiefen des Lebens erfahren viele den Glauben als Hilfe. So können wir das Leben leicht nehmen und fröhlich sein in unserem Vertrauen auf Gott.

3. Sonntag nach Epiphanias

Lesung: Johannes 4,5-14

Jesus kam in eine Stadt Samariens, die heißt Sychar,
nahe bei dem Feld,
das Jakob seinem Sohn Josef gegeben hatte.
Es war aber dort Jakobs Brunnen.
Weil nun Jesus müde war von der Reise,
setzte er sich an den Brunnen;
es war um die sechste Stunde.
Da kommt eine Frau aus Samarien, um Wasser zu schöpfen.
Jesus spricht zu ihr: Gib mir zu trinken!
Denn seine Jünger waren in die Stadt gegangen,
um Speise zu kaufen.
Da spricht die samaritische Frau zu ihm:
Wie, du, ein Jude, erbittest etwas zu trinken
von mir, einer samaritischen Frau?
Denn die Juden haben keine Gemeinschaft
mit den Samaritern.
Jesus antwortete und sprach zu ihr:
Wenn du erkenntest die Gabe Gottes
und wer der ist, der zu dir sagt: Gib mir zu trinken!,
du bätest ihn, und er gäbe dir lebendiges Wasser.

Spricht zu ihm die Frau:
Herr, du hast doch nichts, womit du schöpfen könntest,
und der Brunnen ist tief;
woher hast du denn lebendiges Wasser?
Bist du etwa mehr als unser Vater Jakob,
der uns diesen Brunnen gegeben hat?
Und er hat daraus getrunken und seine Söhne und sein Vieh.
Jesus antwortete und sprach zu ihr:
Wer von diesem Wasser trinkt, den wird wieder dürsten;
wer aber von dem Wasser trinkt, das ich ihm gebe,
den wird in Ewigkeit nicht dürsten,
sondern das Wasser, das ich ihm geben werde,
das wird in ihm eine Quelle des Wassers werden,
das in das ewige Leben quillt.

IMPULS: Die Begegnung zwischen Jesus und einer ungenannten Frau aus der Provinz Samaria wirft eine entscheidende Frage auf: Warum geht diese Frau um die sechste Stunde, also gegen zwölf Uhr zum Brunnen, der noch dazu außerhalb der Stadtgrenze mitten in der prallen Sonne liegt? Wer begreift, dass die Samaritanerin diese Zeit bewusst wählt, wird die Begegnung ganz anders einordnen. Sie tut das, um bloß keinem Menschen zu begegnen. Sie ist die Außenseiterin schlechthin in der Stadt Sychar, in der sie lebt. Ihr Lebenswandel gilt als sündig. Später erfahren wir, dass sie schon mehrere Männer hatte. In der damaligen Welt eine Schande für eine Frau. Wie es dazu kam, erzählt die Geschichte nicht. Aber sie erzählt von ihrem Lebensdurst, ihrer Sehnsucht nach einem Leben, das Genuss statt Verachtung bringt.

Ausgerechnet mit dieser Frau beginnt Jesus ein Gespräch. Er fängt zunächst damit an, sie um Wasser zu bitten. Er hat Durst und ist nach einem langen Fußweg erschöpft. So sieht idealtypisch ein Einstieg in ein Gespräch aus. Damit nimmt Jesus die Kompetenz der Frau wahr und bittet sie um Hilfe. Doch die Samariterin hilft Jesus nicht. Sie ist irritiert und fragt zurück: „Wie, du, ein Jude, erbittest etwas zu trinken von mir, einer samaritischen Frau?“ Bei den Juden sind Samariter gewöhnlich verpönt. Sie meiden möglichst jede Begegnung und reden nicht mit ihnen. Nicht einmal um Wasser würden sie bitten. Doch Jesus ist anders. Das zeigt sich in diesem Augenblick am Jakobsbrunnen. Er unterscheidet sich von den Bildern, die sich andere über ihn machen. Er agiert häufig so, dass er seine Zeitgenossen irritiert. Seine Gegner werfen ihm vor, dass er nicht darauf achtet, mit wem er es zu tun hat. Er gibt sich in ihren Augen zu häufig mit Außenseitern ab. Mit ihnen isst und trinkt er statt mit anständigen Leuten. Doch der Frau tut es gut, dass Jesus mit ihr redet – und zwar auf Augenhöhe. Er nimmt sie an, wie sie ist. In seiner Gegenwart erlebt sie, dass ihr Lebensdurst mehr und mehr gestillt wird. Am Ende läuft sie zurück in die Stadt, aus der sie eben klammheimlich aufgebrochen ist, und ruft laut allen Leuten zu, denen sie begegnet, sie habe den Messias gesehen. Es ist wie ein Wunder. Als sei sie nach der Begegnung mit Jesus ein völlig neuer Mensch.

Letzter Sonntag nach Epiphanias

Lesung: 2. Buch Mose 3,1-8a(8b-9]10[11-12]13-14[15]

Mose hütete die Schafe Jitros, seines Schwiegervaters,
des Priesters in Midian,
und trieb die Schafe über die Wüste hinaus
und kam an den Berg Gottes, den Horeb.
Und der Engel des Herrn erschien ihm
in einer feurigen Flamme aus dem Dornbusch.
Und er sah, dass der Busch im Feuer brannte
und doch nicht verzehrt wurde.
Da sprach er: Ich will hingehen
und diese wundersame Erscheinung besehen,
warum der Busch nicht verbrennt.
Als aber der Herr sah, dass er hinging, um zu sehen,
rief Gott ihn aus dem Busch und sprach: Mose, Mose!
Er antwortete: Hier bin ich.
Er sprach: Tritt nicht herzu,
zieh deine Schuhe von deinen Füßen;
denn der Ort, darauf du stehst, ist heiliges Land!
Und er sprach weiter: Ich bin der Gott deines Vaters,
der Gott Abrahams, der Gott Isaaks und der Gott Jakobs.

Und Mose verhüllte sein Angesicht;
denn er fürchtete sich, Gott anzuschauen.
Und der Herr sprach:
Ich habe das Elend meines Volks in Ägypten gesehen,
und ihr Geschrei über ihre Bedränger habe ich gehört;
ich habe ihre Leiden erkannt.
Und ich bin herniedergefahren,
dass ich sie errette aus der Ägypter Hand
und sie aus diesem Lande hinaufführe
in ein gutes und weites Land,
in ein Land, darin Milch und Honig fließt,
[in das Gebiet der Kanaaniter, Hetiter, Amoriter,
Perisiter, Hiwiter und Jebusiter.
Weil denn nun das Geschrei der Israeliten
vor mich gekommen ist
und ich dazu ihre Drangsal gesehen habe,
wie die Ägypter sie bedrängen,]
So geh nun hin, ich will dich zum Pharao senden,
damit du mein Volk, die Israeliten,
aus Ägypten führst.

[Mose sprach zu Gott:
Wer bin ich, dass ich zum Pharao gehe
und führe die Israeliten aus Ägypten?
Er sprach: Ich will mit dir sein.
Und das soll dir das Zeichen sein,
dass ich dich gesandt habe:
Wenn du mein Volk aus Ägypten geführt hast,
werdet ihr Gott dienen auf diesem Berge.]
Mose sprach zu Gott:
Siehe, wenn ich zu den Israeliten komme
und spreche zu ihnen:
Der Gott eurer Väter hat mich zu euch gesandt!,
und sie mir sagen werden: Wie ist sein Name?,
was soll ich ihnen sagen?
Gott sprach zu Mose: Ich werde sein, der ich sein werde.
Und sprach: So sollst du zu den Israeliten sagen:
„Ich werde sein“, der hat mich zu euch gesandt.
[Und Gott sprach weiter zu Mose:
So sollst du zu den Israeliten sagen:
Der Herr, der Gott eurer Väter,
der Gott Abrahams, der Gott Isaaks, der Gott Jakobs,
hat mich zu euch gesandt.
Das ist mein Name auf ewig, mit dem man mich anrufen soll
von Geschlecht zu Geschlecht.]

IMPULS: Der letzte Sonntag der Epiphaniaszeit ist ein echter Schlusspunkt. Hier geht es um den Kern des Glaubens. Um ganz entscheidende Fragen: Wer ist Gott für uns? Wie begegnen wir ihm? Und wie lassen wir uns von ihm auf unseren Wegen leiten? Mose kommt mit Gott völlig unvorbereitet ins Gespräch. Der Ziehsohn des Pharaos hat sich nach Midian abgesetzt. Als bekannt wurde, dass er einen Ägypter erschlagen hatte, hatte er den Palast verlassen und war in die Steppe gezogen. Er hatte die Misshandlung der israelitischen Sklaven nicht mitansehen können und hatte mit Gewalt reagiert. Nun führt er ein einfaches Leben und hütet die Schafe seines Schwiegervaters.

Doch auf einmal steht er am Berg Gottes. Er versteht nicht, dass er an einem heiligen Ort ist. Er wundert sich einfach: Da brennt ein Dornbusch, wird aber nicht zu Asche. Er will verstehen, was er sieht, und tritt näher. Doch Gott hält ihn zurück. Mose soll Abstand halten und den heiligen Boden nicht betreten. Er soll aus Respekt vor dem Heiligen seine Schuhe ausziehen. Später verhüllt Mose sich, weil er sich scheut, Gott anzusehen. Hier zeigt sich, dass wir Menschen Gott nicht sehen können. Seine Heiligkeit weckt Angst. Wir sind ihr nicht gewachsen. Gott können wir erst im Jenseits von Angesicht zu Angesicht sehen. Bis dahin ist es gut für uns, Abstand zum Göttlichen zu halten.

Das bedeutet aber nicht, dass Gott keine Rolle in einem Leben spielt. Das zeigt sich bei Mose, der von Gott berufen wird, sein Volk aus der Sklaverei in Ägypten zu befreien. Es fällt Mose allerdings nicht leicht, sich berufen zu lassen. Er hat jede Menge Fragen: „Wer bin ich, dass ich zum Pharao ginge?“ Und auch bei den Israeliten wird es nicht leicht sein, sie von Gottes Auftrag zu überzeugen. Gott muss Mose richtiggehend überzeugen. Er verspricht ihm, mit ihm zu sein und ihn nicht allein zu lassen. Am Ende verrät er ihm noch seinen Namen: „Ich werde sein, der ich sein werde.“ Ein geheimnisvoller Name, der Gott nicht festlegt. Vielmehr zeigt er, dass Gott immer anders ist, als wir Menschen ihn begreifen und benennen können.

5. Sonntag vor der Passionszeit

Lesung: 1. Korintherbrief 1,4-9

Ich danke meinem Gott allezeit euretwegen
für die Gnade Gottes, die euch gegeben ist
in Christus Jesus,
dass ihr durch ihn an allen Stücken reich gemacht seid,
in allem Wort und in aller Erkenntnis.
Denn die Predigt von Christus ist unter euch
kräftig geworden,
sodass ihr keinen Mangel habt an irgendeiner Gabe
und wartet nur auf die Offenbarung
unseres Herrn Jesus Christus.
Der wird euch auch fest machen bis ans Ende,
dass ihr untadelig seid
am Tag unseres Herrn Jesus Christus.
Denn Gott ist treu,
durch den ihr berufen seid zur Gemeinschaft
seines Sohnes Jesus Christus, unseres Herrn.

IMPULS: „Die Predigt von Christus ist unter euch kräftig geworden", schreibt Paulus den Christen in Korinth. Eine Aussage, die jedem unter die Haut geht, der selbst predigen darf oder predigen muss. Hier wird ein hoher Anspruch an die Predigt formuliert, dem man kaum entsprechen kann. Die Predigt hat nach dieser Vorstellung eine Wirkung, die das Leben des Einzelnen genauso prägt wie die der ganzen Gemeinde. Sie legt verschüttete Fähigkeiten frei und befähigt die Christen vor Ort das zu tun, was gerade dran ist. „Sodass ihr keinen Mangel habt an irgendeiner Gabe", fährt Paulus fort. Im Hintergrund muss man mitdenken, dass Paulus die Gemeinde als Leib Christi versteht. Wie jedes Glied an einem Leib seine besondere Aufgabe hat, besitzt jede Gabe für eine Gemeinde ihr eigenes Gewicht (1. Korintherbrief 12,12-30). Die Predigt von Christus ist Ausgangspunkt dieses gabenorientierten Gemeindeaufbaus. Sie ist umfassend verstanden als Zentrum des persönlichen Glaubenslebens und als Mittelpunkt der Gemeinde.

„Die Predigt von Christus ist unter euch kräftig geworden" – hier ist ein Anspruch formuliert, an dem jeder Prediger, jede Predigerin scheitern wird, solange er oder sie sich auf die eigenen Fähigkeiten verlässt. Ihre Kraft erhält die Predigt dadurch, dass sie auf Christus verweist. In ihm liegt die Verheißung, dass sie das Leben der Hörenden verändert. Paulus geht es bei der Verkündigung um den Bezug zu Christus. Darin liegt alle Würde und Überzeugungskraft der christlichen Predigt. Sie deutet auf Jesus Christus. Das heißt nicht, dass die predigende Person nicht vorkommen darf. Sie darf sich ruhig zeigen mit ihrem Glauben, aber auch ihren Fragen. Er oder sie erscheinen auf diese Weise als exemplarisch Glaubende. Wo Christus so verkündigt wird, kann die Predigt die Hörenden verändern und innerlich reich machen.

4. Sonntag vor der Passionszeit

Lesung: Markus 4,35-41

Am Abend desselben Tages sprach Jesus zu den Jüngern:
Lasst uns ans andre Ufer fahren.
Und sie ließen das Volk gehen
und nahmen ihn mit, wie er im Boot war,
und es waren noch andere Boote bei ihm.
Und es erhob sich ein großer Windwirbel,
und die Wellen schlugen in das Boot,
sodass das Boot schon voll wurde.
Und er war hinten im Boot und schlief auf einem Kissen.
Und sie weckten ihn auf und sprachen zu ihm:
Meister, fragst du nichts danach, dass wir umkommen?
Und er stand auf und bedrohte den Wind
und sprach zu dem Meer: Schweig! Verstumme!
Und der Wind legte sich und es ward eine große Stille.
Und er sprach zu ihnen: Was seid ihr so furchtsam?
Habt ihr noch keinen Glauben?
Und sie fürchteten sich sehr und sprachen untereinander:
Wer ist der, dass ihm Wind und Meer gehorsam sind!

IMPULS: Die Natur besitzt eine beängstigende Kraft. Wir Menschen sind Teil dieser Mächte, die in der Natur wirken. Die Klimakrise zeigt, dass wir Menschen nicht nur Opfer sind. Zunehmende verheerende Niederschläge oder Überschwemmungen, Flüsse, die über die Ufer treten, und Wassermassen, die ganze Regionen überfluten, zeigen uns, wozu die Natur und in ihr der Mensch fähig sind.

Die Jünger Jesu erleben die Macht der Natur während einer Bootsfahrt auf dem See Genezareth: Als sie mitten auf dem See sind, zieht ein dort durchaus übliches Unwetter auf. Der Wind schießt mit Gewalt aus den Bergen herab. Wellen schlagen ins Boot. Es droht zu kentern. Angst macht sich breit unter den Jüngern. Vermutlich beginnen die einen, Wasser aus dem Boot zu schöpfen. Und die anderen versuchen, das Boot im Wellengang zu stabilisieren. Fast hätten die Männer Jesus vergessen, der im Heck auf einem Kissen liegt und schläft. Der erste Schritt zur Rettung ist, dass die Jünger ihren Blick auf Jesus richten.

Als sie ihn schlafend sehen, kommt Wut auf: Jesus merkt gar nicht, wie schlecht es ihnen geht. Die Jünger wecken ihn und machen ihm Vorwürfe. Doch Jesus sagt kein Wort zu ihnen. Stattdessen bedroht er Wind und Wellen und lässt die gefährlichen Elemente verstummen. Dann geschieht etwas Unerwartetes. Der Wind legt sich und der Wellengang nimmt ab. Eine große Stille breitet sich aus. Eine Stille auf einem See ist ein außergewöhnliches Ereignis. Sie raubt den Jüngern den Atem. Das lässt sie fragen, wer Jesus ist, dem Wind und Wellen gehorchen.

Sturm und Wellen können wir heute als Symbole des Lebens verstehen. Sie prägen jede Biographie. Immer wieder passiert es, dass der leichte Gang gehindert wird. Dann ist es, als ob ein Sturm uns entgegensteht. Wellen symbolisieren das Auf und Nieder des Lebens oder die Gefahren, denen jeder Mensch ausgesetzt ist. Wind und Wellen können auch für endlose Sorgen stehen, die uns daran hindern, zu uns selbst zu kommen. Dann ist es gut, wie die Jünger die Augen zu wenden – hin zu Jesus. Dann verlieren Wind und Wellen ihre Macht und es breitet sich eine große Stille aus, in der wir zu Gott finden und zugleich zu uns selbst.

3. Sonntag vor der Passionszeit: Septuagesimä

Lesung: Prediger 7,15-18
Dies alles hab ich gesehen in den Tagen
meines eitlen Lebens:
Da ist ein Gerechter, der geht zugrunde
in seiner Gerechtigkeit,
und da ist ein Gottloser, der lebt lange in seiner Bosheit.
Sei nicht allzu gerecht und nicht allzu weise,
damit du dich nicht zugrunde richtest.
Sei nicht allzu gottlos und sei kein Tor,
damit du nicht stirbst vor deiner Zeit.
Es ist gut, wenn du dich an das eine hältst
und auch jenes nicht aus der Hand lässt;
denn wer Gott fürchtet, der entgeht dem allen.

IMPULS: Allzu viel ist nicht gesund, behauptet der Prediger. Das gilt auch für das Glaubensleben. Es gibt seiner Meinung nach Gläubige, die es mit ihrem Glauben zu ernst nehmen. An sie schreibt er: „Sei nicht allzu gerecht und nicht allzu weise.“ Als Begründung heißt es: „Damit du dich nicht zugrunde richtest.“ Doch stimmt das? Schadet man sich durch eine allzu große Gerechtigkeit und eine überfließende Weisheit? Wäre es nicht gut, wenn möglichst viele möglichst weise und gerecht, also im Sinne Gottes leben würden? Wenn alle sich immer gegenseitig helfen würden, die eigenen Bedürfnisse hintenanstellen und stets mit Verständnis auf schwierige Menschen reagieren würden, wäre diese Welt doch ein bisschen besser! Dann würden die Menschen endlich im Sinne der Weisheit leben.

Vermutlich kennt aber jede und jeder solche Christinnen und Christen, die ihren Glauben zu stark pflegen. Die sich kaum mehr für anderes als ihr Glaubensleben interessieren. Die möglichst viel in der Bibel lesen und daneben kaum die Tageszeitung oder ein anderes Buch in die Hand nehmen. Für sie gilt, was der Prediger schreibt: dass es unklug ist, sich nur auf eine Seite zu konzentrieren. Weil Menschen, die nur noch auf ihren Glauben achten und alles richtig machen wollen, immer wieder Gott aus den Augen verlieren. Sie vergessen nämlich das Entscheidende: die Barmherzigkeit Gottes. Letztlich kommt es beim Glauben auf Gott an. Auf seine Größe. Und nicht auf die Größe des eigenen Glaubens. Am Ende geht es darum, von Gott gnädig angesehen zu werden.

Nun kennt der Prediger allerdings noch eine andere Seite, wo Menschen sich noch weniger klug verhalten: indem sie ganz ohne Gott leben. Der Prediger schreibt zwar, dass er Gerechte kennt, die zugrunde gehen, und Gottlose, die lange leben. Eine Ärgerlichkeit für alle, die das Schicksal der Menschen von ihrem Tun abhängig sehen. Der Gottlose verhält sich allerdings vollständig wie ein Tor. Wissenschaftlich lässt sich Gottes Existenz nämlich weder beweisen noch seine Nicht-Existenz eindeutig feststellen. Es ist einfach ein Fehler, sich darauf zu verlassen, dass es Gott nicht gibt. Es entspricht der Klugheit, im Leben mit Gott zu rechnen und auf ihn zu vertrauen.

2. Sonntag vor der Passionszeit: Sexagesimä

Lesung: Apostelgeschichte 16,9-15
Paulus sah eine Erscheinung bei Nacht:
Ein Mann aus Makedonien stand da und bat ihn:
Komm herüber nach Makedonien und hilf uns!
Als er aber die Erscheinung gesehen hatte,
da suchten wir sogleich nach Makedonien zu reisen,
gewiss, dass uns Gott dahin berufen hatte,
ihnen das Evangelium zu predigen.
Da fuhren wir von Troas ab
und kamen geradewegs nach Samothrake,
am nächsten Tag nach Neapolis
und von da nach Philippi,
das ist eine Stadt des ersten Bezirks von Makedonien,
eine römische Kolonie.
Wir blieben aber einige Tage in dieser Stadt.
Am Sabbattag gingen wir hinaus vor das Stadttor an den Fluss,
wo wir dachten, dass man zu beten pflegte,
und wir setzten uns
und redeten mit den Frauen, die dort zusammenkamen.

Und eine Frau mit Namen Lydia,
eine Purpurhändlerin aus der Stadt Thyatira,
eine Gottesfürchtige, hörte zu;
der tat der Herr das Herz auf,
sodass sie darauf achthatte, was von Paulus geredet wurde.
Als sie aber mit ihrem Hause getauft war,
bat sie uns und sprach:
Wenn ihr anerkennt, dass ich an den Herrn glaube,
so kommt in mein Haus und bleibt da.
Und sie nötigte uns.

IMPULS: Auf welche Weise erkennen wir Menschen, dass Gott einen Plan mit uns hat? Können wir Gottes Wegleitung überhaupt verstehen? Oder brauchen wir dazu besondere Hilfe und vor allem viel Mut? So wie Paulus, der seinen Traum als Botschaft deutet, als habe Gott in der Nacht direkt zu ihm gesprochen. Damals lautete die Frage: Gilt das Evangelium von Jesus Christus weltweit? Soll Paulus die frohe Botschaft von Jesus Christus auch in Europa verkündigen? Oder will Gott die Reiseroute des Apostels – wenigstens zunächst – auf den Orient beschränkt wissen?

In den Versen 6 bis 8 zeigt sich, wie Paulus und seine Begleiter um die richtige Route ihrer Reise ringen. Immer wieder heißt es, dass sie der Heilige Geist daran hindert, in einer bestimmten Provinz zu missionieren. Wie das geschieht, bleibt offen. Dabei waren doch die Beschlüsse des Konzils nach Apostelgeschichte 15 klar und deutlich: Paulus soll als Heidenapostel wirken. Sein Wirkungsgebiet ist also nahezu unbegrenzt. Vermutlich hat sich Paulus schon längere Zeit mit der Frage beschäftigt, seine Missionsreise bis nach Europa auszuweiten. Er wird bereit gewesen sein, den großen Schritt zu wagen. Vermutlich waren er und seine Begleiter deshalb nach Troas gereist, dem äußeren Rand von Kleinasien. Doch noch sind nicht alle überzeugt. Vielleicht warten manche darauf, dass Gott sich deutlicher äußert. Kaum träumt Paulus von einem Mann aus dem europäischen Landstrich Makedonien, der ihn um Hilfe bittet, reagiert er. Sofort überquerte er mit seinen Leuten die schmale Meeresenge von Troas nach Samothrake – ein kleiner Schritt für Paulus und seine Begleiter, doch ein großer Schritt für die Christenheit. Von nun an ist klar: Das Christentum ist eine Religion für alle Menschen auf der ganzen Welt.

Bald landen Paulus und seine Begleiter in Philippi. Die römisch geprägte Stadt besitzt aber einen anderen Hintergrund als die Städte in Kleinasien. Offenbar gibt es keine Synagoge. Darum suchen Paulus und seine Begleiter am Sabbat einen Ort auf, an dem die wenigen Juden und Gottesfürchtige beten. Der Schritt nach Europa ist schwieriger als gedacht. Zum Glück treffen sie auf vornehme Frauen wie Lydia, die sich ihnen anschließt. Bei ihr kommen sie unter und gründen in ihrem Haus die erste Gemeinde in Europa, als sei genau das Gottes Plan gewesen.

Sonntag vor der Passionszeit: Estomihi

Lesung: Lukas 10,38-42

Jesus kam in ein Dorf.
Da war eine Frau mit Namen Marta, die nahm ihn auf.
Und sie hatte eine Schwester, die hieß Maria;
die setzte sich dem Herrn zu Füßen
und hörte seiner Rede zu.
Marta aber machte sich viel zu schaffen, ihnen zu dienen.
Und sie trat hinzu und sprach:
Herr, fragst du nicht danach,
dass mich meine Schwester lässt allein dienen?
Sage ihr doch, dass sie mir helfen soll!
Der Herr aber antwortete und sprach zu ihr:
Marta, Marta, du hast viel Sorge und Mühe.
Eins aber ist not.
Maria hat das gute Teil erwählt;
das soll nicht von ihr genommen werden.

IMPULS: Am Sonntag Estomihi, dem letzten Sonntag in der Zeit vor der Passion, richtet sich der Blick schon auf den Weg Jesu, der ihn nach Jerusalem führt. Wo Jesus verraten, verhaftet, verurteilt und wie ein Schwerverbrecher hingerichtet wird. Wie folgen wir Jesus auf seinem Weg? Die Erzählung über die beiden Frauen Marta und Maria, bei denen Jesus einkehrt, ist ein Beispiel, wie das geht. Marta hält die Gastfreundschaft hoch. Sie tut alles und bestimmt alles. Vermutlich steht sie in der Küche und bereitet das Essen vor, mit dem sie Jesus und alle, die da sind, beglücken möchte – keine leichte Arbeit. Gerade heute hat sie viel zu tun.

Ihre Schwester Maria setzt sich zu Jesus. Sie kauert sich zu seinen Füßen. Dort hört sie, was Jesus zu den Leuten sagt, die da sind. Man kann sich vorstellen, was sich in Marta nun abspielt. Sie findet die Rollenverteilung zwischen ihr und ihrer Schwester ungerecht. Sie tut und macht alles, während Maria es sich bei Jesus gut gehen lässt. Je länger sie allein in der Küche steht, desto ärgerlicher wird Marta. Schließlich verlässt sie die Küche, geht zu Jesus und fragt ihn, ob er nicht merkt, was hier los ist. Merkt Jesus nicht, wie ungerecht es gerade hier im Haus zugeht: „Fragst du nicht danach, dass mich meine Schwester allein dienen lässt?“ Jesus soll dem Unrecht ein Ende setzen, indem er Maria ermahnt, ihrer Schwester zu helfen.

Doch Jesus reagiert anders als von Marta erwartet. Er sieht zwar, dass Marta viel Sorge und Mühe hat. Aber die muss sie nicht tragen. Sie bürdet sich die Arbeit selbst auf. Ihre Mühe ist ihre eigene Entscheidung. Genauso wie sich Maria dagegen entschieden hat. Sie will sich an ihrem Gast freuen und ihm zuhören. Jesus will ihr Martas Mühe nicht aufbürden. Sie hat das gute Teil gewählt. Und das will Jesus ihr nicht nehmen.

1. Sonntag der Passionszeit: Invokavit

Lesung: Hebräerbrief 4,14-16:

Weil wir einen großen Hohenpriester haben,
Jesus, den Sohn Gottes,
der die Himmel durchschritten hat,
so lasst uns festhalten an dem Bekenntnis.
Denn wir haben nicht einen Hohenpriester,
der nicht könnte mit leiden mit unserer Schwachheit,
sondern der versucht worden ist in allem wie wir,
doch ohne Sünde.
Darum lasst uns freimütig hinzutreten
zu dem Thron der Gnade,
auf dass wir Barmherzigkeit empfangen und Gnade finden
und so Hilfe erfahren zur rechten Zeit.

IMPULS: Die Rede über den Hohenpriester klingt heute fremd. Als stamme sie aus einer weit zurückliegenden Zeit. Jesus wird heute doch eher als Bruder bezeichnet. Der zu uns in unsere Welt kommt und sich bevorzugt um Ausgegrenzte und Kranke kümmert. Doch so fern manche Aussage im Hebräerbrief heute wirkt, erscheint anderes höchst gegenwärtig: Die Gemeinde, an die dieser Brief gerichtet ist, erscheint geradezu wie eine Kirchengemeinde in der heutigen Zeit. Auch sie kennt Verlustängste. Sie besitzt für manche wenig Strahlkraft. Viele Leute bleiben weg oder verlassen die Gemeinde sogar ganz. Die Gemeinde, an die der Hebräerbrief gerichtet ist, ist unfertig und wenig vorbildlich. Der Schreiber des Hebräerbriefes bezeichnet sie sogar als angefochten und schwach.

Das ist aber für ihn kein Grund zur Klage. Es kommt aus seiner Sicht nämlich nicht so sehr darauf an, dass die angeschriebene Gemeinde toll ist. Er setzt seinen Akzent vielmehr auf Jesus Christus. Auf ihn kommt es vor allem an. Wie ein Priester kümmert er sich darum, dass Gott den Menschen gnädig ist. Darum nennt er Jesus den Hohenpriester. Der sich um Menschen sorgt, die mitten in der Versuchung stecken. Bemerkenswert an Jesus Christus ist dabei sein Amtsverständnis. Er tritt nicht herrschaftlich auf wie es die Hohenpriester seiner Zeit taten. Jesus bleibt zugänglich. Er kümmert sich um alle. Zugleich macht er alles durch, was Menschen erleben müssen. Er leidet an Hunger und Durst. Er hat Angst davor, verurteilt und hingerichtet zu werden. Am Sonntag Invokavit erinnern wir uns besonders daran, wie Jesus der Versuchung ausgesetzt ist – wie alle Menschen.

Indem er auf Jesus Christus verweist, der ganz Mensch war, muntert der Schreiber des Hebräerbriefes seine mutlos gewordene Gemeinde auf. Die schwunglos gewordenen Christinnen und Christen werden von Gott liebevoll angesehen. Diese Aussicht besitzt so viel Strahlkraft, dass es sich lohnt, am Glauben an Jesus Christus festzuhalten.

2. Sonntag der Passionszeit: Reminiszere

Lesung: Johannes 3,14-21

Jesus sprach zu Nikodemus:
Wie Mose in der Wüste die Schlange erhöht hat,
so muss der Menschensohn erhöht werden,
auf dass alle, die an ihn glauben, das ewige Leben haben.
Denn also hat Gott die Welt geliebt,
dass er seinen eingeborenen Sohn gab,
auf dass alle, die an ihn glauben, nicht verloren werden,
sondern das ewige Leben haben.
Denn Gott hat seinen Sohn nicht in die Welt gesandt,
dass er die Welt richte,
sondern dass die Welt durch ihn gerettet werde.
Wer an ihn glaubt, der wird nicht gerichtet;
wer aber nicht glaubt, der ist schon gerichtet,
denn er hat nicht geglaubt
an den Namen des eingeborenen Sohnes Gottes.
Das ist aber das Gericht,
dass das Licht in die Welt gekommen ist,
und die Menschen liebten die Finsternis
mehr als das Licht,
denn ihre Werke waren böse.
Wer Böses tut,
der hasst das Licht und kommt nicht zu dem Licht,
damit seine Werke nicht aufgedeckt werden.
Wer aber die Wahrheit tut, der kommt zu dem Licht,
damit offenbar wird, dass seine Werke in Gott getan sind.

IMPULS: Das Gespräch zwischen Jesus und dem Pharisäer Nikodemus zieht sich. Es findet mitten in der Nacht statt und dauert vermutlich Stunden. Neben anderen Themen spielt Jesus hier auf eine der rätselhaftesten Erzählungen aus der Zeit der Wüstenwanderung an, die man in 4. Mose 21 nachlesen kann: Das Volk Israel, gerade erst aus der Sklaverei befreit, ist es leid, weiterhin durch die Wüste zu ziehen. Die Israeliten rebellieren gegen Gott und gegen Mose. Zur Strafe sendet Gott Schlangen, die mit ihrem tödlichen Gift das ganze Volk bedrohen. Als das Volk nun Gott dieses Leid klagt, hat der ein Einsehen. Er befiehlt Mose, eine Schlange aus Bronze herzustellen und aufzurichten. Wer sie ansieht, wird vom tödlichen Gift verschont und gerettet. Im Gespräch mit Nikodemus vergleicht Jesus sein Schicksal mit dem der Schlange. Auch er muss als Menschensohn – wie das Schlangenbild – erhöht werden. Nur so kann er denen, die an ihn glauben, das ewige Leben geben.

Im Johannesevangelium wird der Weg Jesu ans Kreuz als Weg der Erhöhung beschrieben. Das ist der größte Protest gegen den Leidensweg, den Jesus gehen muss. Er wird am Kreuz erhöht, als würde er zum König erhoben. Zu einem guten und wohlwollenden, der nicht sein eigenes Wohl in den Blick nimmt, sondern das der Seinen. Er tut alles, damit die, die an ihn glauben, es bei Gott gut haben.

Im Gespräch zwischen Jesus und Nikodemus wird im Anschluss noch eine zweite Eigenart des Johannesevangeliums deutlich: die präsentische Vorstellung des Jüngsten Gerichts. Das Gericht findet nach dem Evangelisten Johannes hier und heute statt und zwar in der Begegnung mit Jesus Christus. Der trägt schon zu Lebzeiten Züge des Erhöhten und Auferstandenen. Wer an ihn glaubt, ist schon jetzt vom Gericht befreit. Wer Jesus Christus aber ablehnt, der ist schon jetzt gerichtet. Er hat bereits Teil an der Finsternis, weil er sich gegen das Licht entschieden hat. Wer Jesus Christus aber aufnimmt, wer an ihn glaubt, hat schon jetzt das ewige Leben. Jesus und Nikodemus kommen mitten in der Nacht auf solche Themen zu sprechen, die bis heute Bedeutung haben.

3. Sonntag der Passionszeit: Okuli

Lesung: Jeremia 20,7-11a[11b-13]

Herr, du hast mich überredet
und ich habe mich überreden lassen.
Du bist mir zu stark gewesen und hast gewonnen;
aber ich bin darüber zum Spott geworden täglich,
und jedermann verlacht mich.
Denn sooft ich rede, muss ich schreien;
„Frevel und Gewalt!“ muss ich rufen.
Denn des Herrn Wort
ist mir zu Hohn und Spott geworden täglich.
Da dachte ich: Ich will seiner nicht mehr gedenken
und nicht mehr in seinem Namen predigen.
Aber es ward in meinem Herzen wie ein brennendes Feuer,
verschlossen in meinen Gebeinen.
Ich mühte mich, es zu ertragen, aber konnte es nicht.
Denn ich höre, wie viele heimlich reden:
„Schrecken ist um und um!“
„Verklagt ihn!“
„Wir wollen ihn verklagen!“
Alle meine Freunde und Gesellen lauern, ob ich nicht falle:
„Vielleicht lässt er sich überlisten,
dass wir ihm beikommen können
und uns an ihm rächen.“
Aber der Herr ist bei mir wie ein starker Held,
darum werden meine Verfolger fallen
und nicht gewinnen.

[Sie müssen ganz zuschanden werden,
weil es ihnen nicht gelingt.
Ewig wird ihre Schande sein und nie vergessen werden.
Und nun, Herr Zebaoth,
der du die Gerechten prüfst,
Nieren und Herz durchschaust:
Lass mich deine Rache an ihnen sehen;
denn dir habe ich meine Sache befohlen.
Singet dem Herrn, rühmet den Herrn,
der des Armen Leben
aus den Händen der Boshaften errettet!]

IMPULS: Jeremia bietet einen intimen Einblick in seine Seelenlage. Bohrende Fragen gehen ihm durch den Sinn: ob er nicht inzwischen zu alt ist für den Beruf des Propheten? Will er es sich noch antun, im Namen Gottes zu predigen oder wäre es nicht besser, seine Rolle abzugeben? Seine Haare sind dünn, sein Bart grau. Das Gesicht ist zerfurcht, die Haut von Wind und Wetter gegerbt. Doch seine Augen sind noch genauso lebendig wie damals vor vielen Jahren. In Gedanken kehrt er zurück zu dem unvergesslichen Tag, an dem sich sein Leben radikal änderte. Er hatte Gottes Stimme gehört. Erschreckt und verstört hatte er nicht glauben können, was Gott sagte. Er sollte Gottes Prophet sein? Ausgerechnet er? War er dafür nicht viel zu jung und unerfahren? Besaß sein Wort überhaupt das nötige Gewicht? „Ach, Herr, ich tauge nicht zum Propheten." Jeremia hatte sich gegen seine Berufung gewehrt. Aber Gott hatte nicht lockergelassen und keine Ausrede gelten lassen. Und am Ende hatte sich Jeremia gefügt.

Als wäre es gestern gewesen, steht dem alten Jeremia dieser Moment heute vor Augen. Und wieder ist es, als ob sich ihm der Himmel öffnete Nur diesmal ist er es, der mit Gott spricht. „Du hast mich damals überredet, Herr", sagt er. „Und ich habe mich überreden lassen. Du bist mir zu stark gewesen. Ich wurde dein Prophet." Jeremia muss daran denken, wie er von da an als ein anderer durch die Gassen von Jerusalem ging mit einem klaren Blick. Er sah mit anderen Augen auf das, was dort geschah: dass die Geflüchteten die Drecksarbeit machten und wie die Witwen und Waisen ausgebeutet wurden. Er hörte, wie die Händler ihre Kunden betrogen, wie die Politiker das Vertrauen des Volkes erschlichen und die Priester abwiegelten. Jeremia erinnert sich an sein ungläubiges Erstaunen und seine Wut über all den Frevel. Auf einmal fiel es ihm nicht schwer, im Namen Gottes zu predigen und das Unrecht und die zunehmende Gewalt anzuprangern, die sich überall zeigten. Jeremia kann auch als alter Mann nicht anders. Die Berufung zum Propheten ist fest in seinem Inneren eingebrannt. Er bleibt Gottes Prophet, aber er ist auch ein Mann, der zweifelt und mit Gott hadert. Das macht ihn für uns heute so interessant.

4. Sonntag der Passionszeit: Lätare

Lesung: Johannes 6,47-51

Christus spricht:
Wahrlich, wahrlich, ich sage euch:
Wer glaubt, der hat das ewige Leben.
Ich bin das Brot des Lebens.
Eure Väter haben in der Wüste das Manna gegessen
und sind gestorben.
Dies ist das Brot, das vom Himmel kommt,
damit, wer davon isst, nicht sterbe.
Ich bin das lebendige Brot, das vom Himmel gekommen ist.
Wer von diesem Brot isst, der wird leben in Ewigkeit.
Und das Brot, das ich geben werde,
ist mein Fleisch – für das Leben der Welt.

IMPULS: „Ich bin das Brot des Lebens", sagt Jesus seinen Jüngerinnen und Jüngern. Wenige Verse zuvor hatte er das schon einmal gesagt in einem seiner berühmten Ich-bin-Worte: „Ich bin das Brot des Lebens; wer zu mir kommt, wird nie mehr hungern, und wer an mich glaubt, wird nie mehr Durst haben." (Johannes 6,35) Es hat einen tiefen Sinn, dass Jesus sich mit Brot vergleicht. Brot ist eines der elementaren Lebensmittel. Es schmeckt – anders als Kuchen oder Süßspeise – an jedem Tag. Viele essen Brot an jedem Morgen und jedem Abend. Wir beten im Vaterunser um das tägliche Brot, das wir dringend brauchen. Und wünschen uns, dass Gott es uns und der ganzen Welt Tag für Tag schenkt. Dass das tägliche Brot nicht selbstverständlich ist, ist leider eine traurige Wahrheit. Heute leiden Hunderttausende unter Hunger und es gelingt der Weltgemeinschaft kaum, diesen Hunger dauerhaft einzudämmen. Auch in der Geschichte vom Manna, auf das Jesus hinweist, leiden die Israeliten während der Wüstenwanderung an Hunger und Durst. Ihr Hunger wird aber von Gott gestillt durch das Manna, das Brot des Himmels. Die Israeliten können es an jedem Morgen aufsammeln und an diesem Tag davon satt werden. Doch niemandem gelingt es, einen Vorrat dieser himmlischen Speise anzulegen. Alles, was über das Maß der täglichen Mahlzeit hinaus gesammelt wird, ist am nächsten Tag vergammelt. Wer mehr sammelt, als er oder sie braucht, hat nichts davon. Das Himmelsbrot kann immer nur gegenwärtig verspeist werden.

Das ist mit dem Brot, das Jesus schenkt, anders. Jesus gibt sich selbst hin. Daran erinnern uns die sieben Wochen der Passionszeit Jahr für Jahr. Jesus gibt seinen Leib für uns hin. Das ist nicht einfach nur traurig. Darüber können wir uns gleichzeitig freuen. Z. B. bei der Feier des Abendmahls. Da wird uns das Brot des Lebens gereicht, das wir als Brot und zugleich als Christi Leib zu uns nehmen. Und wir essen diese himmlische Speise in der Gemeinschaft mit anderen Glaubenden – auch zusammen mit denen, die längst gestorben sind. Zur Feier des Abendmahls gehört die Hoffnung auf das ewige Leben untrennbar hinzu. Darum sagt Jesus seinen Jüngern: „Ich bin das lebendige Brot, das vom Himmel gekommen ist. Wer von diesem Brot isst, der wird leben in Ewigkeit."

5. Sonntag der Passionszeit: Judika

Lesung: Johannes 18,28-19,5

Sie führten Jesus von Kaiphas vor das Prätorium;
es war aber früh am Morgen.
Und sie gingen nicht hinein in das Prätorium,
damit sie nicht unrein würden,
sondern das Passamahl essen könnten.
Da kam Pilatus zu ihnen heraus und sprach:
Was für eine Klage bringt ihr vor gegen diesen Menschen?
Sie antworteten und sprachen zu ihm:
Wäre dieser nicht ein Übeltäter,
wir hätten dir ihn nicht überantwortet.
Da sprach Pilatus zu ihnen:
So nehmt ihr ihn und richtet ihn nach eurem Gesetz.
Da sprachen die Juden zu ihm:
Es ist uns nicht erlaubt, jemanden zu töten.
So sollte das Wort Jesu erfüllt werden,
das er gesagt hatte, um anzuzeigen,
welchen Todes er sterben würde.
Da ging Pilatus wieder hinein ins Prätorium und rief Jesus
und sprach zu ihm: Bist du der Juden König?

Jesus antwortete: Sagst du das von dir aus,
oder haben dir's andere über mich gesagt?
Pilatus antwortete: Bin ich ein Jude?
Dein Volk und die Hohenpriester
haben dich mir überantwortet.
Was hast du getan?
Jesus antwortete: Mein Reich ist nicht von dieser Welt.
Wäre mein Reich von dieser Welt,
meine Diener würden darum kämpfen,
dass ich den Juden nicht überantwortet würde;
aber nun ist mein Reich nicht von hier.
Da sprach Pilatus zu ihm: So bist du dennoch ein König?
Jesus antwortete: Du sagst es: Ich bin ein König.
Ich bin dazu geboren und in die Welt gekommen,
dass ich die Wahrheit bezeuge.
Wer aus der Wahrheit ist, der hört meine Stimme.
Spricht Pilatus zu ihm: Was ist Wahrheit?
Und als er das gesagt hatte,
ging er wieder hinaus zu den Juden
und spricht zu ihnen: Ich finde keine Schuld an ihm.

Ihr habt aber die Gewohnheit,
dass ich euch einen zum Passafest losgebe;
wollt ihr nun, dass ich euch den König der Juden losgebe?
Da schrien sie wiederum: Nicht diesen, sondern Barabbas!
Barabbas aber war ein Räuber.
Da nahm Pilatus Jesus und ließ ihn geißeln.
Und die Soldaten flochten eine Krone aus Dornen
und setzten sie auf sein Haupt
und legten ihm ein Purpurgewand an
und traten zu ihm und sprachen:
Sei gegrüßt, König der Juden!,
und schlugen ihm ins Gesicht.
Und Pilatus ging wieder hinaus und sprach zu ihnen:
Seht, ich führe ihn heraus zu euch,
damit ihr erkennt, dass ich keine Schuld an ihm finde.
Da kam Jesus heraus und trug die Dornenkrone
und das Purpurgewand.
Und Pilatus spricht zu ihnen: Sehet, welch ein Mensch!

IMPULS: Die Gerichtsverhandlung Jesu vor dem römischen Stadthalter Pilatus wirkt eher wie ein philosophisches Gespräch als wie ein Verhör. Der Politiker fragt Jesus, ob er der Juden König sei und was er getan habe. Und schließlich kommt die berühmte Frage: „Was ist Wahrheit?“ Pilatus scheint die Sache mit Jesus von Anfang an unangenehm. Er will Jesus nach der Schilderung des Johannesevangeliums nicht verhören und erst recht nicht verurteilen. Ihm wäre es lieber, die jüdischen Ankläger würden das erledigen. Doch die religiöse Elite erinnert daran, dass sie kein Recht habe, jemanden zu töten. Das stehe doch allein der römischen Besatzungsmacht zu. Ein Satz, der deutlich macht: Wie sehr Pilatus es auch dreht und wendet, er ist es, der Jesus letztlich verurteilt und hinrichten lässt.

Nachdem feststeht, dass Pilatus als Vertreter des römischen Reiches das Urteil über Jesus sprechen muss, versucht er weiter, sich herauszuwinden. Er sieht sich schließlich in einer Zwickmühle. Auf der einen Seite hält er Jesus für unschuldig, auf der anderen Seite will er sich nicht gegen das Volk stellen. Deshalb schlägt er einen Kompromiss vor: Er könnte Jesus freigeben in der Gewohnheit, nach der jedes Jahr ein Gefangener anlässlich des Passafestes freikommt. Für Jesus wäre das bloß ein Freispruch zweiter Klasse. Die Ankläger dagegen würden – weil Pilatus Jesus nicht für unschuldig erklären würde – ihr Gesicht nicht verlieren. Aber die Ankläger lehnen diesen Vorschlag ab. Lieber soll der Schwerverbrecher Barabbas entlassen werden.

Danach lässt Pilatus Jesus geißeln. Wieder ein Versuch, ihn nicht kreuzigen zu müssen. Die römischen Soldaten schlagen und verspotten Jesus. Sie drücken ihm eine Dornenkrone auf sein Haupt und ziehen ihm ein Purpurgewand an. Spöttisch grüßen sie ihn wie einen König. Damit demütigen sie Jesus und machen ihn vor aller Augen lächerlich. Doch auch damit kommt Pilatus nicht aus der Zwickmühle.

Doch ganz so unschuldig, wie es der Evangelist Johannes darstellt, kann Pilatus nicht sein. Letztlich ist er es, der Jesus verurteilt und seinen Soldaten befiehlt, Jesus hinzurichten. Das wurde über Jahrhunderte hinweg vergessen. Erst nach der Shoah setzte sich diese Lesart nach und nach durch. Bis dahin wurde es den Juden vorgeworfen, schuld an Jesu Kreuzigung zu sein. Sie wurden als Gottesmörder denunziert und verfolgt.

6. Sonntag der Passionszeit: Palmsonntag

Lesung: Jesaja 50,4-9
Gott der Herr hat mir eine Zunge gegeben,
wie sie Jünger haben,
dass ich wisse, mit den Müden zu rechter Zeit zu reden.
Er weckt mich alle Morgen;
er weckt mir das Ohr, dass ich höre, wie Jünger hören.
Gott der Herr hat mir das Ohr geöffnet.
Und ich bin nicht ungehorsam und weiche nicht zurück.
Ich bot meinen Rücken dar denen, die mich schlugen,
und meine Wangen denen, die mich rauften.
Mein Angesicht verbarg ich nicht
vor Schmach und Speichel.
Aber Gott der Herr hilft mir,
darum werde ich nicht zuschanden.
Darum hab ich mein Angesicht hart gemacht
wie einen Kieselstein;
denn ich weiß, dass ich nicht zuschanden werde.
Er ist nahe, der mich gerecht spricht;
wer will mit mir rechten?
Lasst uns zusammen vortreten!
Wer will mein Recht anfechten?
Der komme her zu mir!
Siehe, Gott der Herr hilft mir;
wer will mich verdammen?
Siehe, sie alle werden wie ein Kleid zerfallen,
Motten werden sie fressen.

IMPULS: Palmsonntag ist der Tag, an dem Jesus in die Stadt Jerusalem einzieht. Die Menschen jubeln ihm zu und rufen: „Hosianna! Gelobt sei der da kommt im Namen des Herrn!“ Als zöge ein König in die Stadt, legen sie Palmzweige und Kleidung auf den Weg. Völlig anders klingt, was der Prophet Jesaja über den Knecht Gottes schreibt: dass er Rücken und Wangen den Schlägern darbietet und auf Gegenwehr verzichtet. Hier scheint bereits die gesamte Karwoche in den Blick genommen zu sein, in der Jesus von einem der Seinen verraten, von einem Zweiten verleugnet und von den anderen verlassen wird. Anschließend wird Jesus verurteilt, gepeinigt und schließlich hingerichtet. Am Palmsonntag scheint das alles kaum vorstellbar. Und doch ist schon im Jubel der Menge der Stimmungsumschwung angelegt, der in wenigen Tagen geschieht. Die gleichen Leute, die Jesus heute wie einen König hochleben lassen, werden bald seine Kreuzigung fordern. Jesus ist anders, als es die Leute von ihm erwarten. Er reitet nicht auf dem hohen Ross, sondern auf einem Esel. Er eckt an, ist unbequem, beugt sich nicht der Erwartung der Vielen.

„Mein Angesicht verbarg ich nicht vor Schmach und Speichel“, schreibt Jesaja über den Gottesknecht. Es ist verständlich, dass die Jüngerinnen und Jünger in dieser rätselhaften Person Jesus erkennen, der von den römischen Soldaten gegeißelt und verspottet wird. Er hat – wie der Gottesknecht – sein Angesicht hart gemacht wie einen Kieselstein. Nur so kann er die Verleumdungen und Schmähungen und später die Qualen am Kreuz ertragen. Er macht sein Angesicht hart wie Stein, weil er keine Gnade von den Menschen erwartet und sein Vertrauen nur noch in Gott setzt. Gott wird ihn nicht zuschanden werden lassen. Er wird sich auf seine Seite stellen und ihn, der in aller Öffentlichkeit wie ein Schwerverbrecher hingerichtet wird, aus der Schande herausreißen. Bis dahin ist es vom Palmsonntag noch ein weiter Weg, der sich anders entwickelt, als man es sich beim Einzug in die Stadt Jerusalem ausgemalt haben mag.

Gründonnerstag

Lesung: 1. Korintherbrief 11,[17-22]23-26[27-29.33.34a]

[Ich kann's nicht loben, dass ihr nicht zum Besseren,
sondern zum Schlechteren zusammenkommt.
Zum Ersten höre ich:
Wenn ihr in der Gemeinde zusammenkommt,
sind Spaltungen unter euch;
und zum Teil glaube ich's.
Denn es müssen ja Spaltungen unter euch sein,
auf dass die unter euch offenbar werden,
die bewährt sind.
Wenn ihr nun zusammenkommt,
so hält man da nicht das Abendmahl des Herrn.
Denn ein jeder nimmt beim Essen sein eigenes Mahl vorweg,
und der eine ist hungrig, der andere ist betrunken.
Habt ihr denn nicht Häuser, wo ihr essen und trinken könnt?
Oder verachtet ihr die Gemeinde Gottes
und beschämt die, die nichts haben?
Was soll ich euch sagen? Soll ich euch loben?
Hierin lobe ich euch nicht. Denn:]
Ich habe von dem Herrn empfangen,
was ich euch weitergegeben habe:
Der Herr Jesus, in der Nacht, da er verraten ward,
nahm er das Brot, dankte und brach's
und sprach: Das ist mein Leib für euch;
das tut zu meinem Gedächtnis.
Desgleichen nahm er auch den Kelch nach dem Mahl
und sprach: Dieser Kelch ist der neue Bund in meinem Blut;
das tut, sooft ihr daraus trinkt, zu meinem Gedächtnis.
Denn sooft ihr von diesem Brot esst
und von dem Kelch trinkt,
verkündigt ihr den Tod des Herrn, bis er kommt.

[Wer also unwürdig von dem Brot isst
oder von dem Kelch des Herrn trinkt,
der wird schuldig sein am Leib und Blut des Herrn.
Der Mensch prüfe aber sich selbst,
und so esse er von diesem Brot
und trinke von diesem Kelch.
Denn wer isst und trinkt
und nicht bedenkt, welcher Leib es ist,
der isst und trinkt sich selber zum Gericht.
Darum, meine Brüder und Schwestern,
wenn ihr zusammenkommt, um zu essen,
so wartet aufeinander.
Hat jemand Hunger, so esse er daheim,
auf dass ihr nicht zum Gericht zusammenkommt.]

IMPULS: An Gründonnerstag denkt die Christenheit in besonderer Weise an das letzte Abendmahl, das Jesus zusammen mit seinen Jüngern feierte. Entsprechend wird in aller Regel in den Kirchengemeinden an diesem Tag Abendmahl gefeiert, manchmal auch in Form des Tischabendmahls. Das soll besonders an die Art erinnern, wie Jesus mit den Seinen zu Tisch saß. Man isst und trinkt gemeinsam. Und dabei wird nicht nur die Seele satt, sondern der ganze Leib. Neben der Hostie oder einem Stück Brot und einem Schluck Wein oder Traubensaft gibt es ein richtiges Abendessen. Damit wird ganzheitlich an das letzte Mahl Jesu vor seiner Hinrichtung erinnert.

Auf durchaus ähnliche Weise kamen die Christen zur Zeit des Paulus in der Stadt Korinth zusammen, wenn sie Abendmahl feierten. Dort wurde vor der rituellen Handlung gegessen und getrunken. Reiche Leute brachten sich ihr Essen und Trinken mit und ließen sich beim Sättigungsmahl noch dazu bedienen. Die Dienerschaft bekam nichts von den mitgebrachten Speisen ab. So waren die einen beim rituellen Abendmahl schon betrunken, während den anderen der Magen knurrte. So kann man allerdings keine Mahlfeier begehen, schreibt Paulus. Man zelebriert stattdessen die Spaltung der Gemeinde. Die Reichen essen vorneweg, während die Armen leer ausgehen. Was würde Jesus dazu sagen, über den seine Gegner klagen, dass er sich mit den sozialen und religiösen Außenseitern an einen Tisch setzt und der niemanden ausschließt?

Das Besondere am Abendmahl ist, dass Christus alle einlädt – nicht nur einen Teil der Gemeinde, sondern alle. Das kann – wie beim Tischabendmahl – gemeinsam mit einem Sättigungsmahl geschehen. Wichtig ist aber, dass niemand ausgeschlossen wird. Sonst ist es kein Mahl, in dem an Jesus und sein letztes Mahl erinnert wird.

Karfreitag

Lesung: Johannes 19,16-30

Pilatus überantwortete ihnen Jesus,
dass er gekreuzigt würde.
Sie nahmen ihn aber,
und er trug selber das Kreuz
und ging hinaus zur Stätte, die da heißt Schädelstätte,
auf Hebräisch Golgatha.
Dort kreuzigten sie ihn
und mit ihm zwei andere zu beiden Seiten,
Jesus aber in der Mitte.
Pilatus aber schrieb eine Aufschrift
und setzte sie auf das Kreuz;
und es war geschrieben:
Jesus von Nazareth, der Juden König.
Diese Aufschrift lasen viele Juden,
denn die Stätte, wo Jesus gekreuzigt wurde,
war nahe bei der Stadt.
Und es war geschrieben in hebräischer, lateinischer
und griechischer Sprache.
Da sprachen die Hohenpriester der Juden zu Pilatus:
Schreibe nicht: Der Juden König,
sondern dass er gesagt hat: Ich bin der Juden König.
Pilatus antwortete:
Was ich geschrieben habe, das habe ich geschrieben.
Die Soldaten aber, da sie Jesus gekreuzigt hatten,
nahmen seine Kleider und machten vier Teile,
für jeden Soldaten einen Teil, dazu auch den Rock.
Der aber war ungenäht, von oben an gewebt in einem Stück.

Da sprachen sie untereinander:
Lasst uns den nicht zerteilen,
sondern darum losen, wem er gehören soll.
So sollte die Schrift erfüllt werden, die sagt:
„Sie haben meine Kleider unter sich geteilt
und haben über mein Gewand das Los geworfen." (Psalm 22,19)
Das taten die Soldaten.
Es standen aber bei dem Kreuz Jesu seine Mutter
und seiner Mutter Schwester,
Maria, die Frau des Klopas, und Maria Magdalena.
Als nun Jesus seine Mutter sah
und bei ihr den Jünger, den er lieb hatte,
spricht er zu seiner Mutter:
Frau, siehe, das ist dein Sohn!
Danach spricht er zu dem Jünger:
Siehe, das ist deine Mutter!
Und von der Stunde an nahm sie der Jünger zu sich.
Danach, als Jesus wusste, dass schon alles vollbracht war,
spricht er, damit die Schrift erfüllt würde:
Mich dürstet.
Da stand ein Gefäß voll Essig.
Sie aber füllten einen Schwamm mit Essig
und legten ihn um einen Ysop
und hielten ihm den an den Mund.
Da nun Jesus den Essig genommen hatte, sprach er:
Es ist vollbracht.
Und neigte das Haupt und verschied.

IMPULS: Manchmal kommt es auf jedes Wort an. So auch bei der Kreuzigung Jesu. Es ist wichtig, dass Jesus als König bezeichnet wird. Pilatus wird gebeten, die Worte auf dem Schild zu ändern. Weil das aus Sicht der Gegner Jesu falsch interpretiert werden kann. Doch Pilatus lehnt ab. „Was ich geschrieben habe, das habe ich geschrieben", soll er gesagt haben.

Für den Evangelisten Johannes ist es von großer Bedeutung, dass Jesus als König der Juden bezeichnet wird. Für ihn ist die Kreuzigung nicht allein der schmähliche Tod eines Schwerverbrechers, sondern eine Erhöhung. Jesus steigt zum Kreuz hinauf, als steige er auf einen Thron. Jesus ist bei der Kreuzigung nach dem Johannesevangelium der eigentliche Souverän. Er geht prunkvoll gekleidet zur Hinrichtungsstätte. Sein Gewand hat einen so großen Wert, dass die Soldaten es nicht teilen wollen. Zu Jesu Füßen stehen seine engsten Vertrauten, zu denen seine Mutter und einer seiner Jünger zählen. Vom Kreuz herab kümmert sich Jesus um das zukünftige Schicksal seiner Mutter: „Siehe, das ist dein Sohn!", sagt er zu ihr. Und zu dem Jünger, den er besonders liebt, spricht er: „Siehe, das ist deine Mutter!" Damit stellt Jesus sicher, dass seine Lieben auch nach seinem Tod versorgt sind. Nicht die Seinen kümmern sich um den Gequälten, sondern der Erhöhte nimmt die Zukunft der Seinen in den Blick.

Bis kurz vor seinen Tod handelt Jesus, als sei er der Souverän und nicht die römischen Soldaten. „Mich dürstet!", sagt er, als befehle er die Soldaten. Die füllen einen Schwamm mit Essig – verspotten seine Befehle also – und geben ihm zu trinken. Am Ende sagt Jesus: „Es ist vollbracht."

Ein Tod, der von Johannes wie eine Erhöhung geschildert wird. Wie passt die menschenverachtende und grausame Hinrichtung zur Erhöhung Jesu? Johannes interpretiert Karfreitag von Ostern her. Er kann Jesu Hinrichtung nicht neutral erzählen. Er ergänzt sie um die Freude an Christi Auferweckung. Gott steht zu dem Hingerichteten. Er erhebt ihn aus dem Grab und gibt ihm einen Namen, der größer ist als der Name aller irdischer Könige. Karfreitag und Ostern gehören aufs Engste zusammen. Nur so können wir Karfreitag ertragen. Nur so erhält dieser Festtag für uns seine besondere Bedeutung.

Tag der Auferstehung des Herrn: Ostersonntag

Lesung: Johannes 20,11-18

Maria stand draußen vor dem Grab und weinte.
Als sie nun weinte, beugte sie sich in das Grab hinein
und sieht zwei Engel in weißen Gewändern sitzen,
einen zu Häupten und den andern zu den Füßen,
wo der Leichnam Jesu gelegen hatte.
Und die sprachen zu ihr: Frau, was weinst du?
Sie spricht zu ihnen:
Sie haben meinen Herrn weggenommen,
und ich weiß nicht, wo sie ihn hingelegt haben.
Und als sie das sagte, wandte sie sich um
und sieht Jesus stehen und weiß nicht, dass es Jesus ist.
Spricht Jesus zu ihr: Frau, was weinst du?
Wen suchst du?

Sie meint, es sei der Gärtner, und spricht zu ihm:
Herr, hast du ihn weggetragen,
so sage mir: Wo hast du ihn hingelegt?
Dann will ich ihn holen.
Spricht Jesus zu ihr: Maria!
Da wandte sie sich um
und spricht zu ihm auf Hebräisch: Rabbuni!,
das heißt: Meister!
Spricht Jesus zu ihr: Rühre mich nicht an!
Denn ich bin noch nicht aufgefahren zum Vater.
Geh aber hin zu meinen Brüdern und sage ihnen:
Ich fahre auf zu meinem Vater und eurem Vater,
zu meinem Gott und eurem Gott.
Maria Magdalena geht und verkündigt den Jüngern:
„Ich habe den Herrn gesehen",
und was er zu ihr gesagt habe.

IMPULS: Was Ostern bis heute bedeutet, zeigt die Erzählung von der Begegnung Maria Magdalenas mit Jesus. Zunächst ist Maria tief enttäuscht: Jesus ist nicht da, wo sie ihn vermutet. Sein Leib liegt nicht dort, wo er am Freitag hingelegt wurde. Das Grab ist leer. Maria ist verzweifelt und weint. Ihre Trauer wird noch einmal gesteigert. Weil sie nicht weiß, wo sie den Leichnam findet. Zwei Engel fragen sie, warum sie traurig ist. Aber sie schaffen es nicht, sie zu trösten. Maria wendet sich um und sieht Jesus in der Nähe stehen, aber sie erkennt ihn nicht. Ihr Herz ist voller Trauer und ihre Augen voller Tränen. Sie hält ihn für einen Gärtner und fragt, ob er den Leichnam weggebracht hat. In ihrer Frage schwingt die Hoffnung, dass sie den Leichnam wiederfinden kann. Vermutlich will sie ihn salben, wie es damals Brauch war. Maria will Jesus den letzten Dienst erweisen, den man einem Toten geben kann.

Dann spricht Jesus sie an: „Maria!" Ein Wort genügt und Marias Perspektive ändert sich. Sie dreht sich um. Aber das ist mehr als eine äußerliche Bewegung. Zeitgleich mit dieser Umkehr wird Maria zu einem neuen, anderen Menschen. Ihre Tränen trocknen und sie erkennt den Auferstandenen. Ihr geht es ähnlich wie den zwei Jüngern aus dem Lukasevangelium, die nach Emmaus gehen. Auch sie erkennen den Auferstandenen nicht auf ihrem Weg. Auch sie halten ihn für einen Fremden. Offenbar sieht der Auferstandene nicht aus wie der lebende Jesus. Er muss sich erst in Wort und Tat als der Auferstandene zeigen. Er wird erst auf den zweiten Blick erkannt. Und Maria darf sich nicht mit Händen davon überzeugen, dass Jesus auferstanden ist. Jesus spricht: „Rühre mich nicht an! Denn ich bin noch nicht aufgefahren zum Vater."

Und doch ist Maria Magdalena getröstet. Voll Freude läuft sie zu den Jüngerinnen und Jüngern und sagt: „Ich habe den Herrn gesehen!" Ostern ist ein Weg, der von der Trauer in die Freude führt. Das leere Grab und Jesu Auferweckung stellen das Selbstverständliche in Frage. Der Tod ist nicht das unausweichliche Ende. Gott ändert die natürliche Reihenfolge. Das zeigt der Wochenspruch für die Osterwoche: Christus spricht: „Ich war tot, und siehe, ich bin lebendig von Ewigkeit zu Ewigkeit und habe die Schlüssel des Todes und der Hölle." (Offenbarung 1,18)

Ostermontag

Lesung: Jesaja 25,6-9

Der Herr Zebaoth wird auf diesem Berge
allen Völkern ein fettes Mahl machen,
ein Mahl von reinem Wein,
von Fett, von Mark, von Wein, darin keine Hefe ist.
Und er wird auf diesem Berge
die Hülle wegnehmen, mit der alle Völker verhüllt sind,
und die Decke, mit der alle Heiden zugedeckt sind.
Er wird den Tod verschlingen auf ewig.
Und Gott der Herr wird die Tränen
von allen Angesichtern abwischen
und wird aufheben die Schmach seines Volks
in allen Landen;
denn der Herr hat's gesagt.
Zu der Zeit wird man sagen:
„Siehe, das ist unser Gott,
auf den wir hofften, dass er uns helfe.
Das ist der Herr, auf den wir hofften;
lasst uns jubeln und fröhlich sein über sein Heil."

IMPULS: Es gibt ein typisches Klischee über die Kirche und kirchliche Veranstaltungen: Sie gelten als spaßbefreit und langweilig. Sie seien also etwas für eher ältere Leute. Dabei kann Kirche echt Spaß machen. Hier kann es fröhlich zugehen und immer wieder wird echt gefeiert. Dafür steht Ostern. Es ist ein echtes Fest des Lebens, weil Gott Jesus auferweckt hat! Er ist nicht im Tode geblieben. Der wurde degradiert zur bloßen Zwischenstation auf dem Weg in das ewige Leben.

Weil Ostern das Leben feiert, passt die Vision des Propheten Jesaja zu Ostern, nach der Gott selbst ein Fest durchführt auf dem Berg Zion. Dort wird echt gefeiert: Mit einem fetten Mahl, mit wertigem Wein, mit Fett und Speck. Niemand soll zu kurz kommen. Alle Trauer wird beendet, die letzten Tränen werden abgewischt. Niemand muss sich schämen, weil Gott alles zum Guten wendet. Auch die Heiden sind eingeladen. Sie werden von dem befreit, was sie bisher davon abhielt, Gott zu kennen. Am Ende wird sogar der Tod endgültig überwunden. Wenn das kein Grund ist, aus vollem Herzen fröhlich zu sein und zu feiern! Und zwar so, wie wir es aus privaten Feiern kennen: mit festlichem Essen und alkoholischen Getränken.

Ostern als Fest des Lebens und Jesajas Vision ermutigen, es in der Kirche, in den Gottesdiensten und kirchlichen Veranstaltungen fröhlich zugehen zu lassen – weniger langweilig und erwartbar. Sondern spontan und improvisiert. Mehr Fest und Event als voraussehbarer Ablauf. Darum können wir etwas von den privaten Feiern in die Kirche hinübernehmen und im Gottesdienst essen und trinken, uns bewegen und tanzen. Gott lädt uns ein zum Fest des Lebens. Am Ende der Zeiten, aber auch schon im Hier und Jetzt.

1. Sonntag nach Ostern: Quasimodogeniti

Lesung: 1. Petrusbrief 1,3-9
Gelobt sei Gott, der Vater unseres Herrn Jesus Christus,
der uns nach seiner großen Barmherzigkeit
wiedergeboren hat zu einer lebendigen Hoffnung
durch die Auferstehung Jesu Christi von den Toten,
zu einem unvergänglichen und unbefleckten
und unverwelklichen Erbe,
das aufbewahrt wird im Himmel für euch,
die ihr aus Gottes Macht durch den Glauben bewahrt werdet
zur Seligkeit, die bereitet ist,
dass sie offenbar werde zu der letzten Zeit.
Dann werdet ihr euch freuen,
die ihr jetzt eine kleine Zeit, wenn es sein soll,
traurig seid in mancherlei Anfechtungen,
auf dass euer Glaube bewährt
und viel kostbarer befunden werde
als vergängliches Gold, das durchs Feuer geläutert wird,
zu Lob, Preis und Ehre,
wenn offenbart wird Jesus Christus.
Ihn habt ihr nicht gesehen und habt ihn doch lieb;
und nun glaubt ihr an ihn, obwohl ihr ihn nicht seht;
ihr werdet euch aber freuen
mit unaussprechlicher und herrlicher Freude,
wenn ihr das Ziel eures Glaubens erlangt,
nämlich der Seelen Seligkeit.

IMPULS: Was bedeutet die Auferstehung Christi für uns heute? Hat sie Auswirkungen auf das Leben der Glaubenden im 21. Jahrhundert? Prägt Christi Auferstehung unser Leben selbst dann, wenn es durch dunkle Täler führt? Oder ist unser Glaube voller Fragen und Zweifel, sodass wir manchmal kaum mehr glauben können? Ähnliche Fragen stellt eine Woche nach Ostern der Schreiber des ersten Petrusbriefes. Und er beantwortet sie klar und eindeutig: Die Auferstehung ist die Grundlage des Glaubens. Durch sie hat uns Gott erneut geboren und gibt uns eine Hoffnung auf eine gute Zukunft. Gott schenkt uns ein neues Leben – fast wie bei einer Geburt. Durch die Auferstehung Christi gehören wir zu seinen Kindern. Er erklärt uns zu seinen Erben und damit zu Miterben Christi. Noch können wir über dieses Erbe nicht frei und selbständig verfügen. Aber wir können daran glauben, dass dieses Erbe für uns im Himmel bereitgehalten wird. Wir können deshalb auf eine erfüllte Zukunft hoffen. Diese Hoffnung lässt uns manches ertragen – auch schwere Zeiten der Anfechtung, in denen wir uns mit Zweifeln quälen oder gar mit Gott ringen, weil er uns auf einen mühseligen Weg führt. Sogar Trauer ist nach Ansicht des ersten Petrusbriefes erträglich im Angesicht der Freude über die Aussicht auf die ewige Seligkeit.

Aber halt! Werden wir hier nicht schlicht und einfach vertröstet? Wird uns eine Zukunft vor Augen gestellt, damit wir in der Gegenwart nicht hadern? Ist das nicht, als würden wir wie unter Drogen ruhiggestellt? Das wäre tatsächlich so, wenn die Hoffnung keine Kraft besitzen würde für die Gegenwart. Doch die Hoffnung hat eine Strahlkraft bereits im Hier und Jetzt. Sie richtet die Hoffenden auf und ermöglicht Widerstand gegen aktuelles Unrecht. Wer von Gott wiedergeboren ist und damit an Christi Auferstehung teilhat, setzt sich dafür ein, dass das Reich Gottes sich schon hier und jetzt weiter und weiter ausbreitet. Für ihn oder sie hat das Reich Gottes schon begonnen.

2. Sonntag nach Ostern: Misericordias Domini

Lesung: Johannes 10,11-16[27-30]
Christus spricht: Ich bin der gute Hirte.
Der gute Hirte lässt sein Leben für die Schafe.
Der Mietling, der nicht Hirte ist,
dem die Schafe nicht gehören,
sieht den Wolf kommen und verlässt die Schafe und flieht
– und der Wolf stürzt sich auf die Schafe und zerstreut sie –,
denn er ist ein Mietling
und kümmert sich nicht um die Schafe.
Ich bin der gute Hirte und kenne die Meinen
und die Meinen kennen mich, wie mich mein Vater kennt;
und ich kenne den Vater.
Und ich lasse mein Leben für die Schafe.
Und ich habe noch andere Schafe,
die sind nicht aus diesem Stall;
auch sie muss ich herführen,
und sie werden meine Stimme hören,
und es wird eine Herde und ein Hirte werden.
[Meine Schafe hören meine Stimme,
und ich kenne sie und sie folgen mir;
und ich gebe ihnen das ewige Leben,
und sie werden nimmermehr umkommen,
und niemand wird sie aus meiner Hand reißen.
Was mir mein Vater gegeben hat, ist größer als alles,
und niemand kann es aus des Vaters Hand reißen.
Ich und der Vater sind eins.]

IMPULS: Das Bild des guten Hirten, der sich um seine Herde kümmert, hat sich tief eingebrannt in das kollektive Gedächtnis der Menschheit. Es ist anrührend und schön und wirkt gleichzeitig wie aus einer anderen, früheren Zeit. Wir fühlen uns geradezu rückversetzt, wenn eine Herde Schafe in den Blick kommt. Schafe, die auf einer Wiese friedlich grasen, erinnern uns an eines der vorherigen Jahrhunderte: als das Leben noch viel ursprünglicher war als heute. Kleinvieh-Herden, die von einem Hirten bewacht und über die Felder geführt werden, gibt es ja bereits seit Jahrtausenden. Zur Zeit Jesu gehörten solche Herden zum Alltag. Jesus verwendet den Hirten und die von ihm geführte Herde als Bild für den christlichen Glauben. Er nennt sich selbst den guten Hirten, der sich um die Seinen kümmert und auch trotz Gefahr nicht davonläuft. Er ist wirklich ein solcher Hirte. Genauso lebt er, kümmert sich um die, die abgehängt sind wie die Zöllner und Sünder.

Damit hebt er sich ab von anderen Hirten, denen es eher um sich selbst geht und die im Zweifel ihr eigenes Wohlergehen höher einstufen als das der Tiere, die ihnen anvertraut sind. Jesus tut aber alles, damit es den Seinen gut geht. Er identifiziert sich mit ihnen, setzt sich mit den Außenseitern an einen Tisch und gibt am Ende sogar sein Leben hin.

Wie können wir Heutigen mit dem Bild des Hirten und der von ihm geführten Herde umgehen? Heute wirkt es eher veraltet. Wir wollen keine Schafe sein. Wir wollen singulär und einzigartig sein und nicht zur verwechselbaren Masse gehören. Wir legen Wert auf unsere eigene Meinung und wählen unsere Wege am liebsten selbst. Solange es uns gut geht, sind wir stolz auf unsere Eigenständigkeit. Und doch gibt es immer wieder Zeiten, die fast jeder oder jede auf dem Lebensweg ertragen muss: wenn Zweifel plagen, ob der aktuelle Arbeitsplatz passt, weil man vom Chef kleingemacht wird und keine Möglichkeit zur Entfaltung bekommt – dann ist es gut, sich an das Bild des guten Hirten zu erinnern und im Gebet zu klären, ob es besser ist, den Arbeitsplatz zu verlassen oder doch zu bleiben.

3. Sonntag nach Ostern: Jubilate

Lesung: Sprüche 8,22-36

Die Weisheit spricht:
Der Herr hat mich schon gehabt
im Anfang seiner Wege,
ehe er etwas schuf, von Anbeginn her.
Ich bin eingesetzt von Ewigkeit her,
im Anfang, ehe die Erde war.
Als die Tiefe noch nicht war, ward ich geboren,
als die Quellen noch nicht waren, die von Wasser fließen.
Ehe denn die Berge eingesenkt waren,
vor den Hügeln ward ich geboren,
als er die Erde noch nicht gemacht hatte
noch die Fluren darauf noch die Schollen des Erdbodens.
Als er die Himmel bereitete, war ich da,
als er den Kreis zog über der Tiefe,
als er die Wolken droben mächtig machte,
als er stark machte die Quellen der Tiefe,
als er dem Meer seine Grenze setzte und den Wassern,
dass sie nicht überschreiten seinen Befehl;
als er die Grundfesten der Erde legte,
da war ich beständig bei ihm;
ich war seine Lust täglich
und spielte vor ihm allezeit;
ich spielte auf seinem Erdkreis
und hatte meine Lust an den Menschenkindern.

So hört nun auf mich, meine Söhne!
Wohl denen, die meine Wege einhalten!
Hört die Zucht und werdet weise
und schlagt sie nicht in den Wind!
Wohl dem Menschen, der mir gehorcht,
dass er wache an meiner Tür täglich,
dass er hüte die Pfosten meiner Tore!
Wer mich findet, der findet das Leben
und erlangt Wohlgefallen vom Herrn.
Wer aber mich verfehlt, zerstört sein Leben;
alle, die mich hassen, lieben den Tod.

IMPULS: Loben tut der Seele gut. Es macht sie weit und lässt die Welt hell erscheinen. Wir öffnen uns beim Loben einem oder einer anderen, den oder die wir bewundern. Und deren Wesen oder Werk wir durch unser Lob groß machen. Loben fällt leichter, wenn wir mit offenen Augen durch die Welt gehen. Und wahrnehmen, was gut ist oder besser geworden ist. Das Lob ist das Gegenteil von kleinlicher Kritik, die immer ein Haar in der Suppe findet. Oder anderen ihren Erfolg nicht gönnt.

Am Sonntag Jubilate geht es in erster Linie darum, Gott zu loben. Auch das fällt leichter, wo wir Menschen neugierig sind und offen bleiben. Zuvor lassen wir uns auf Gott ein und erkennen seine Spuren mitten in der Welt. Wenn wir diese Spuren wahrnehmen, merken wir, wie Gott ist und was er alles für uns getan hat und bis heute tut. Am Sonntag Jubilate steht Gottes schöpferisches Handeln im Mittelpunkt. Im Sprüchebuch stellt sich die Weisheit als Gottes allererstes Werk vor. Sie sagt über sich, dass sie direkt aus Gott geboren ist. Und damit schon vor der Schöpfung präsent war. In seinem Prolog hat der Evangelist Johannes diese Weisheit mit Jesus Christus gleichgesetzt. Er ist das Wort, durch das alles geschaffen wurde. Ein kühner Gedanke, der aber schon im achten Kapitel des Sprüchebuches angedacht ist. Da wirkt die Weisheit wie ein Teil Gottes, das – fast wie ein Kind – direkt von ihm abstammt.

Die Weisheit hilft uns, Gott und sein Werk mitten in der Welt wahrzunehmen. Nur wer sich auf sie einlässt, kann Gottes Spuren mitten in der Welt erkennen. Wer sich von der Weisheit Gottes anstecken lässt, kann gar nicht anders, als Gott zu loben und ihm zu danken. Doch viel zu oft vergessen wir das Loben. Weil Kritik meist stärker rüberkommt als Lob. Dabei ist das Gotteslob so etwas wie Nahrung für die Seele – und sollte deshalb nicht nur am Sonntag Jubilate erklingen. Es stärkt den Glauben, hilft, das eigene Leben mit neuen Augen zu sehen und sich daran zu freuen, wie gut es Gott mit jedem einzelnen Menschen meint.

4. Sonntag nach Ostern: Kantate

Lesung: Apostelgeschichte 16,23-34
Nachdem man Paulus und Silas hart geschlagen hatte,
warf man sie ins Gefängnis
und befahl dem Kerkermeister, sie gut zu bewachen.
Als er diesen Befehl empfangen hatte,
warf er sie in das innerste Gefängnis
und legte ihre Füße in den Block.
Um Mitternacht aber beteten Paulus und Silas
und lobten Gott.
Und es hörten sie die Gefangenen.
Plötzlich aber geschah ein großes Erdbeben,
sodass die Grundmauern des Gefängnisses wankten.
Und sogleich öffneten sich alle Türen
und von allen fielen die Fesseln ab.
Als aber der Kerkermeister aus dem Schlaf auffuhr
und sah die Türen des Gefängnisses offen stehen,
zog er das Schwert und wollte sich selbst töten;
denn er meinte, die Gefangenen wären entflohen.

Paulus aber rief laut: Tu dir nichts an; denn wir sind alle hier!
Der aber forderte ein Licht und stürzte hinein
und fiel zitternd Paulus und Silas zu Füßen.
Und er führte sie heraus und sprach:
Ihr Herren, was muss ich tun, dass ich gerettet werde?
Sie sprachen: Glaube an den Herrn Jesus,
so wirst du und dein Haus selig!
Und sie sagten ihm das Wort des Herrn
und allen, die in seinem Hause waren.
Und er nahm sie zu sich in derselben Stunde der Nacht
und wusch ihnen die Striemen.
Und er ließ sich und alle die Seinen sogleich taufen
und führte sie in sein Haus und bereitete ihnen den Tisch
und freute sich mit seinem ganzen Hause,
dass er zum Glauben an Gott gekommen war.

IMPULS: Singen und Gott loben – das ist das inhaltliche Zentrum am Sonntag Kantate. An der Geschichte von der Gefangenschaft der beiden Missionare Paulus und Silas zeigt sich, dass es dazu nicht nur unter optimalen Bedingungen kommen kann. Paulus und Silas sitzen im Gefängnis. Dem Aufseher werden sie als besonders gefährliche Gefangene anvertraut. Er lässt sie entsprechend behandeln. Damit sie auf keinen Fall ausreißen, lässt er sie in den Block sperren. Ihre Beine sind festgeschraubt. Sie können sich kaum mehr bewegen. Mehr Unfreiheit geht eigentlich nicht. Und doch erweisen sich die beiden als frei. Weil sie nicht zetern und klagen, sondern im Gegenteil ein Loblied anstimmen, um Gott zu danken.

Und dann geschieht etwas, womit niemand gerechnet hat: Ein Erdbeben lässt das Gefängnis erzittern. Mauern stürzen ein und die Türen sind nicht mehr verschlossen. Vermutlich ging auch der Block entzwei. Jedenfalls waren alle Gefangenen jetzt frei. Auch der Kerkermeister wird durch das Erdbeben geweckt. Als er sieht, dass die Türen des Gefängnisses nicht mehr verschlossen sind, erfasst ihn die Angst. Die Gefangenen werden getürmt sein. Und er wird dafür verantwortlich gemacht werden. Er zieht sein Schwert und will sich umbringen. Doch dann hört er, wie Paulus ruft: „Tu dir nichts an, wir sind alle noch hier!"

Hier stellt sich die Frage, wer hier eigentlich die Gefangenen und wer die Freien sind. Sind nicht letztlich die frei, die sich frei verhalten? Die nicht über ihr Schicksal klagen, sondern Gott loben und danken. Die statt zuzusehen, wie der Aufseher sich umzubringen versucht, ihn zurückhalten. Selbst wenn das ihre Freiheit kosten kann. Paulus und Silas und die anderen Gefangenen erweisen sich an dieser Stelle als frei – freier als der Wärter. Doch bald schon ändert sich das. Der Aufseher führt Paulus und Silas in die Freiheit und bringt sie in sein Haus und zu seiner Familie. Nebenher fragt er, was er tun muss, um gerettet zu werden. „Glaube an den Herrn Jesus", antworten die Missionare, „dann wirst du zusammen mit den Deinen selig!" Am Ende – davon können wir ausgehen – wird auch der Gefängniswärter Gott loben und preisen.

5. Sonntag nach Ostern: Rogate

Lesung: Johannes 16,23b-28[29-32]33

Jesus sprach zu seinen Jüngern:
Wahrlich, wahrlich, ich sage euch:
Wenn ihr den Vater um etwas bitten werdet
in meinem Namen,
wird er's euch geben.
Bisher habt ihr um nichts gebeten in meinem Namen.
Bittet, so werdet ihr empfangen,
auf dass eure Freude vollkommen sei.
Das habe ich euch in Bildern gesagt.
Es kommt die Stunde,
da ich nicht mehr in Bildern mit euch reden werde,
sondern euch frei heraus verkündigen von meinem Vater.
An jenem Tage werdet ihr bitten in meinem Namen.
Und ich sage euch nicht,
dass ich den Vater für euch bitten werde;
denn er selbst, der Vater, hat euch lieb, weil ihr mich liebt
und glaubt, dass ich von Gott ausgegangen bin.
Ich bin vom Vater ausgegangen und in die Welt gekommen;
ich verlasse die Welt wieder und gehe zum Vater.

[Sprechen zu ihm seine Jünger:
Siehe, nun redest du frei heraus und nicht in einem Bild.
Nun wissen wir, dass du alle Dinge weißt
und bedarfst dessen nicht, dass dich jemand fragt.
Darum glauben wir, dass du von Gott ausgegangen bist.
Jesus antwortete ihnen: Jetzt glaubt ihr?
Siehe, es kommt die Stunde und ist schon gekommen,
dass ihr zerstreut werdet, ein jeder in das Seine,
und mich allein lasst.
Aber ich bin nicht allein, denn der Vater ist bei mir.]
Dies habe ich mit euch geredet,
damit ihr in mir Frieden habt.
In der Welt habt ihr Angst;
aber seid getrost, ich habe die Welt überwunden.

IMPULS: Mit dem Gebet steht am Sonntag Rogate ein Kernanliegen des christlichen Glaubens im Zentrum. Beten ist eine selbstverständliche Form der christlichen Lebenskunst. Wir bringen Gott gegenüber zum Ausdruck, was uns an Positivem und Negativem bewegt. Darum ist die Klage genauso Gebet wie der Dank, das Lob oder die Bitte. Wie auch immer das Gebet ausgerichtet ist, es ist eine der zentralen Formen der spirituellen Kommunikation. Wir geben damit etwas vor Gott preis. Und wir machen deutlich, dass wir auf seinen Beistand hoffen und auf sein Handeln vertrauen.

Doch immer wieder stellt sich die Frage, wie richtiges Beten geht. Jesus sagt seinen Jüngern, dass sie sich in seinem Namen an Gott wenden sollen. Zeigt er ihnen damit eine neue Form des Betens? Die vielleicht zielführender ist als die ihnen bisher schon bekannten Formen? Das mag der Schluss seines Satzes nahelegen: „Wenn ihr den Vater um etwas bitten werdet in meinem Namen, wird er's euch geben." Reagiert Gott auf das Gebet im Namen Jesu also anders als auf das andere Beten? Betende wissen, dass nicht jedes ihrer Gebete erhört wird. Im Gebet übergeben wir unsere Anliegen Gott. Wir legen sie in seine Hände. Und akzeptieren damit, dass er sich zu unseren Bitten positiv oder negativ verhält. Als Beter bestimmen wir Gottes Handeln nicht direkt. Im Gegenteil, wir unterwerfen uns als Betende seinem Willen. Deshalb lautet eine der Bitten des Vaterunsers „dein Wille geschehe wie im Himmel so auf Erden."

Das Gebet im Namen Jesu orientiert sich genau daran. Es ist kein spirituelles Sondergebet. Wie er sich selbst dem Willen seines Vaters am Vorabend seines Todes beugte, so legen wir als Betende unsere Anliegen vor Gott. Er möge damit nach seinem Willen umgehen. Bei Jesus können wir lernen, dass das Gebet nicht nur Gott beeinflusst. Auch der Beter kann sich während des Betens ändern und sein Schicksal in Gottes Hände legen. Wahre Kommunikation ist ja immer auf Gegenseitigkeit ausgelegt. Und so ist es auch beim Gebet, dieser Grundgeste des christlichen Glaubens.

Christi Himmelfahrt

Lesung: 1. Buch der Könige 8,22-24.26-28

Salomo trat vor den Altar des Herrn
angesichts der ganzen Gemeinde Israel
und breitete seine Hände aus gen Himmel
und sprach: Herr, Gott Israels,
es ist kein Gott weder droben im Himmel
noch unten auf Erden dir gleich,
der du hältst den Bund und die Barmherzigkeit
deinen Knechten, die vor dir wandeln
von ganzem Herzen;
der du gehalten hast deinem Knecht, meinem Vater David,
was du ihm zugesagt hast.
Mit deinem Mund hast du es geredet,
und mit deiner Hand hast du es erfüllt,
wie es offenbar ist an diesem Tage.
Nun, Gott Israels, lass dein Wort wahr werden,
das du deinem Knecht, meinem Vater David, zugesagt hast.
Denn sollte Gott wirklich auf Erden wohnen?
Siehe, der Himmel und aller Himmel Himmel
können dich nicht fassen –
wie sollte es dann dies Haus tun, das ich gebaut habe?
Wende dich aber zum Gebet deines Knechts
und zu seinem Flehen, Herr, mein Gott,
auf dass du hörst das Flehen und Gebet deines Knechts
heute vor dir.

IMPULS: Gott können wir immer nur erahnen. Er ist weit größer als jede unserer Vorstellungen über ihn. Nicht einmal der Himmel kann ihn fassen. Deshalb passt er weder in einen Tempel noch in eine Kirche. Und doch hat es einen guten Sinn, dass wir uns heilige Orte als Gottes Haus vorstellen. Nicht, dass Gott diese Räume bräuchte. Oder dort wirklich wohnen würde. Er ist überall zu finden. Auch in der Natur und unter freiem Himmel können wir Menschen Gott suchen. Darum hat es sich landauf, landab eingebürgert, am Himmelfahrtstag den gewohnten Gottesdienstort zu verlassen und Gottesdienste im Grünen zu feiern. Bei diesen Feiern kommt der Himmel in den Blick. Und wir Christinnen und Christen zeigen, wie wichtig es uns ist, Gott in unseren Gottesdiensten zu loben.

Heute ist der Himmelfahrtstag mehrfach codiert. Für manche ist der Tag der „Vatertag". Und wird gerne mit Bollerwagen, Wanderung und Alkoholkonsum begangen. Oft wird er auch für Tagesausflüge mit der Familie genutzt. Das mag den einen oder anderen ärgern, der an diesem Tag lieber die Auferstehung Christi in den Blick nimmt. Dieses Brauchtum können wir aber auch als ein Zeichen verstehen. Hier zeigt sich, dass wir Christinnen und Christen Gott auch in unseren Gottesdiensten nicht fassen können. Gott ist viel größer als alles, was wir denken und liturgisch gestalten können.

Salomos Tempelweihgebet macht die Größe und Unabhängigkeit Gottes eindrücklich deutlich. Und doch weiht Salomo mit diesem Gebet den Tempel in Jerusalem ein. Für Salomo ist der Tempel nicht in erster Linie für Gott gebaut worden. Der Tempel ist für die Menschen errichtet worden, damit sie in ihm Gottes Nähe erleben. Dort können sie Gott spüren und ihn anbeten. Immer wieder braucht es die von Salomo geäußerte Vorsicht. Sonst wird Gott für uns berechenbar und handhabbar. Dann ist er nicht mehr Gott, sondern bloß ein Götze, der machtlos unseren Interessen dient.

6. Sonntag nach Ostern: Exaudi

Lesung: Epheserbrief 3,14-21

Ich beuge meine Knie vor dem Vater,
von dem jedes Geschlecht im Himmel und auf Erden
seinen Namen hat,
dass er euch Kraft gebe
nach dem Reichtum seiner Herrlichkeit,
gestärkt zu werden durch seinen Geist
an dem inwendigen Menschen,
dass Christus durch den Glauben in euren Herzen wohne.
Und ihr seid in der Liebe eingewurzelt und gegründet,
damit ihr mit allen Heiligen begreifen könnt,
welches die Breite und die Länge
und die Höhe und die Tiefe ist,
auch die Liebe Christi erkennen könnt,
die alle Erkenntnis übertrifft,
damit ihr erfüllt werdet,
bis ihr die ganze Fülle Gottes erlangt habt.
Dem aber, der überschwänglich tun kann
über alles hinaus, was wir bitten oder verstehen,
nach der Kraft, die in uns wirkt,
dem sei Ehre in der Gemeinde und in Christus Jesus
durch alle Geschlechter von Ewigkeit zu Ewigkeit!
Amen.

IMPULS: Der Sonntag zwischen Christi Himmelfahrt und Pfingsten besitzt im Kirchenjahr ein Schattendasein. Nur wenige Tage nach Himmelfahrt, an dem vielfach große Freiluftgottesdienste gefeiert werden, wirkt dieser Sonntag fast abgehängt. Aber auch theologisch stellt sich die Frage, was am Sonntag Exaudi Neues gesagt werden kann. Jesus ist gerade in den Himmel aufgefahren. Der Heilige Geist, dessen Kommen er seinen Jüngerinnen und Jüngern zuvor ankündigt, ist nach der Logik des Kirchenjahres noch nicht da. In dieser Situation erscheint es sinnvoll, sich betend an Gott zu wenden, wie es der Schreiber des Epheserbriefes macht. Er bittet für die Christen in der Gemeinde von Ephesus um geistliche Kraft. Gott möge ihnen beistehen. Sie sollen durch Gottes Geist innerlich stark werden. Der innere Mensch braucht ebenso wie der äußere Mensch immer wieder Nahrung. Sonst wird er schwach und verkümmert mehr und mehr. Wir sollten nicht nur unseren Leib ertüchtigen durch Sport und möglichst gesunde Ernährung, sondern auch die Seele. Auch sie braucht Nahrung und muss regelmäßig auftanken. Doch wie geht das? Wie können wir den inwendigen Menschen nähren und kräftigen?

Der Schreiber des Epheserbriefes gibt einen Hinweis, dass der innere Mensch gestärkt wird, wenn „Christus durch den Glauben in euren Herzen wohne.“ Wo Christus im Herzen wohnt, wächst der Glaube. Der Glaube ist aber nichts, was wir ein für alle Mal besitzen. Er ist und bleibt ein Leben lang ein Geschenk Gottes, das er uns Tag für Tag geben muss. Der Glaube kann wachsen, aber auch abnehmen. Immer wieder gibt es Wüstenzeiten, die durchquert werden müssen und wo wir Gott kaum wahrnehmen. Wir können jedoch im Alltag etwas dazu beitragen, dass der Glaube gestärkt wird: indem wir unseren Glauben praktizieren, regelmäßig beten, in der Bibel lesen und an Gottesdiensten teilnehmen. Auf diese Weise geben wir Gott die Möglichkeit, unseren Glauben zu stärken und immer wieder neu aufzuladen.

Tag der Ausgießung des Heiligen Geistes: Pfingstsonntag

Lesung: Johannes 14,15-19(20-23a)23b-27

Christus sprach zu seinen Jüngern:
Liebt ihr mich, so werdet ihr meine Gebote halten.
Und ich will den Vater bitten
und er wird euch einen andern Tröster geben,
dass er bei euch sei in Ewigkeit:
den Geist der Wahrheit, den die Welt nicht empfangen kann,
denn sie sieht ihn nicht und kennt ihn nicht.
Ihr kennt ihn, denn er bleibt bei euch
und wird in euch sein.
Ich will euch nicht als Waisen zurücklassen;
ich komme zu euch.
Es ist noch eine kleine Zeit,
dann sieht die Welt mich nicht mehr.
Ihr aber seht mich, denn ich lebe,
und ihr sollt auch leben.
[An jenem Tage werdet ihr erkennen,
dass ich in meinem Vater bin
und ihr in mir und ich in euch.
Wer meine Gebote hat und hält sie, der ist's, der mich liebt.
Wer mich aber liebt,
der wird von meinem Vater geliebt werden,
und ich werde ihn lieben und mich ihm offenbaren.

Spricht zu ihm Judas, nicht der Iskariot:
Herr, was bedeutet es,
dass du dich uns offenbaren willst und nicht der Welt?
Jesus antwortete und sprach zu ihm:]
Wer mich liebt, der wird mein Wort halten;
und mein Vater wird ihn lieben,
und wir werden zu ihm kommen
und Wohnung bei ihm nehmen.
Wer aber mich nicht liebt, der hält meine Worte nicht.
Und das Wort, das ihr hört, ist nicht mein Wort,
sondern das des Vaters, der mich gesandt hat.
Das habe ich zu euch geredet,
solange ich bei euch gewesen bin.
Aber der Tröster, der Heilige Geist,
den mein Vater senden wird in meinem Namen,
der wird euch alles lehren
und euch an alles erinnern, was ich euch gesagt habe.
Frieden lasse ich euch, meinen Frieden gebe ich euch.
Nicht gebe ich euch, wie die Welt gibt.
Euer Herz erschrecke nicht und fürchte sich nicht.

IMPULS: Pfingsten wird oft unterschätzt. Anders als Weihnachten und Ostern konnte dieses wichtige christliche Fest kein Brauchtum entwickeln, das es in der Gesellschaft unübersehbar machen würde. Pfingsten wird gern für Kurzurlaube genutzt. Aber auch innerhalb der Christenheit scheint dieses Fest nur geringes Gewicht zu haben. Der Gottesdienstbesuch unterscheidet sich kaum von anderen Sonn- oder Feiertagen. Dabei ist die Gabe des Heiligen Geistes für das Christentum zentral. Im Heiligen Geist begegnen wir der uns zugewandten Seite Gottes. Er weckt unseren Glauben und lässt Gott in unseren Herzen wohnen. Vor allem aber hilft uns der Heilige Geist, Gott und sein Wort zu verstehen.

Für Johannes ist die Gabe des Heiligen Geistes verbunden mit Jesu Abschied von seinen Jüngern. Jesus nennt ihn den Tröster, der die Jünger an das erinnert, was er im Namen Gottes gesagt hat. Am Ende gibt Jesus den Seinen noch eine Friedensverheißung: „Meinen Frieden gebe ich Euch." Dieser Friede fügt sich ein in das, was Pfingsten bedeutet: Der Heilige Geist hebt die babylonische Sprachverwirrung auf. Auf einmal können sich alle verstehen – trotz unterschiedlicher Herkunft und Sprache. Dass alle aufeinander hören können, ist Voraussetzung des Friedens.

Nun gibt es immer wieder Krieg auf der Welt. Selbst in der Kirche und den Gemeinden kann sich der Friede nicht vollständig durchsetzen. Überall setzen sich Konkurrenz und persönliche Empfindlichkeit durch. Oft wird das Trennende stärker in den Blick genommen als das Einende. Wer die Welt betrachtet, muss nüchtern feststellen, dass der von Jesus versprochene Frieden immer noch aussteht.

Aber der Heilige Geist kann als Gabe verstanden werden, gegen Unfrieden anzugehen. Dies tut er, indem er uns bei aller Vielstimmigkeit ein Verständnis füreinander schenkt. Und indem er uns daran erinnert, was Jesus seine Jüngerinnen und Jünger gelehrt hat: dass die Liebe Gottes allen Menschen gilt. Dieses Geliebtwerden ist die Grundlage unserer Liebe. Es befähigt uns, Gott zu lieben und unseren Nächsten – und zwar genau so wie uns selbst.

Pfingstmontag

Lesung: Matthäus 16,13-19

Jesus kam in die Gegend von Cäsarea Philippi
und fragte seine Jünger und sprach:
Wer sagen die Leute, dass der Menschensohn sei?
Sie sprachen: Einige sagen, du seist Johannes der Täufer,
andere, du seist Elia,
wieder andere, du seist Jeremia oder einer der Propheten.
Er sprach zu ihnen: Wer sagt denn ihr, dass ich sei?
Da antwortete Simon Petrus und sprach:
Du bist der Christus, des lebendigen Gottes Sohn!
Und Jesus antwortete und sprach zu ihm:
Selig bist du, Simon, Jonas Sohn;
denn Fleisch und Blut haben dir das nicht offenbart,
sondern mein Vater im Himmel.
Und ich sage dir auch: Du bist Petrus,
und auf diesen Felsen will ich meine Gemeinde bauen,
und die Pforten der Hölle sollen sie nicht überwältigen.
Ich will dir die Schlüssel des Himmelreichs geben:
Was du auf Erden binden wirst,
soll auch im Himmel gebunden sein,
und was du auf Erden lösen wirst,
soll auch im Himmel gelöst sein.

IMPULS: Der Schlüssel ist das Markenzeichen des Petrus. Er lässt uns den Apostel leicht erkennen auf alten Bildern. Dabei handelt es sich nicht um irgendeinen Schlüssel, sondern um den entscheidenden: den Schlüssel des Himmels. Petrus soll die Tür des Himmels öffnen können. Und zwar nicht nur für sich, sondern auch für andere. Das mag einer der Gründe sein, warum die Päpste sich bis heute als Nachfolger des Apostels inszenieren. Auch sie möchten an der Schlüsselgewalt des Petrus teilhaben und an sie anknüpfen. Doch eigentlich müssen wir diese Szene vollkommen anders verstehen: Jesus teilt seine Möglichkeiten und Aufgaben. Im 16. Kapitel des Matthäusevangeliums gibt Jesus Petrus den Schlüssel des Himmels, um die Ewigkeit schon ins Hier und Jetzt zu holen. Denn die Aufgabe, hier mit ewiger Gültigkeit zu binden und zu lösen gibt Jesus zwei Kapitel später allen seinen Jüngern.

Warum sollte das, was Jesus allen seinen Jüngern und Jüngerinnen an Aufgaben zuteilt, so verstanden werden, dass es nur einer Person zusteht? Die protestantische Sicht, dass alle Glaubenden Nachfolgerinnen und Nachfolger der Jüngerinnen und Jünger Jesu sind, scheint hier einleuchtender. Umso mehr, als Jesus mit Petrus eine hochgradig ambivalente Person mit dieser Aufgabe betraut. Petrus wird in allen vier Evangelien als ein Mann beschrieben, der spontan und laut ist, aber oft nur wenig Rückgrat besitzt. Er schläft ein, als Jesus im Garten Gethsemane mit Gott betet – den Tod vor Augen. Später verleugnet er Jesus dreimal hintereinander. Er ist nicht da, als Jesus hingerichtet wird. Später verhält er sich in der Gemeinde von Antiochia wenig stringent und streitet sich mit Paulus. Der wirft Petrus im zweiten Galaterbrief vor, zunächst die Tischgemeinschaft mit den getauften Nichtjuden ganz selbstverständlich mitgefeiert zu haben. Als das von einer Gruppe aus Jerusalem dann aber kritisiert wird, beendet Petrus diese Praxis schnell wieder. Damit stellt er sich der weltweiten Ausbreitung des Christentums in den Weg.

Was bedeutet es, dass Jesus ausgerechnet einer so ambivalenten Person wie Petrus den Schlüssel des Himmels in die Hände legt? Zeigt das nicht, wie sehr Jesus über die menschlichen Schwächen hinwegsieht und jeden Menschen beruft, ihm nachzufolgen? Legt er nicht mit Petrus auch uns Heutigen die Schlüssel des Himmels in die Hände? Weil alles, was wir auf Erden tun, Auswirkungen hat, die bis in die Ewigkeit reichen?

Tag der Heiligen Dreifaltigkeit: Trinitatis

Lesung: 2. Korintherbrief 13,11-13

Brüder und Schwestern, freut euch,
lasst euch zurechtbringen, lasst euch mahnen,
habt einerlei Sinn, haltet Frieden!
So wird der Gott der Liebe und des Friedens
mit euch sein.
Grüßt euch untereinander mit dem heiligen Kuss.
Es grüßen euch alle Heiligen.
Die Gnade unseres Herrn Jesus Christus
und die Liebe Gottes
und die Gemeinschaft des Heiligen Geistes
sei mit euch allen!

IMPULS: Segen tut gut. Viele Menschen wissen das und lassen sich gern und häufig segnen. Es gibt nur wenige, die mit dem Segen wenig anfangen können oder ihn gar ablehnen. Segen ist weitaus mehr als ein guter Wunsch. Und mehr als ein Gebet, mit dem wir Gott um seinen Segen bitten. Wer Gottes Segen empfängt, ist gesegnet und geht gesegnet in einen neuen Abschnitt seines Lebens. Mit der Zusage, dass Gott mitgeht, wohin es den oder die Gesegnete auch verschlägt. Manche Menschen gehen am Sonntag vor allem deshalb in den Gottesdienst, um am Ende den Segen zu empfangen und die neue Woche in dem Bewusstsein zu beginnen, von Gott begleitet zu werden. Auffällig ist, dass kaum jemand einen Gottesdienst vor dem Segen verlässt.

Es gibt sehr unterschiedliche Weisen und verschiedene Worte, mit denen wir im Namen Gottes segnen oder den Segen zugesagt bekommen. Eine alte und geprägte Segensformulierung verwendet Paulus im zweiten Korintherbrief: „Die Gnade unseres Herrn Jesus Christus und die Liebe Gottes und die Gemeinschaft des Heiligen Geistes sei mit euch allen!" Damit ist eigentlich alles gesagt. Gnade, Gottes Liebe und Gemeinschaft des Heiligen Geistes. Mehr geht nicht und mehr braucht es auch nicht für das christliche Leben. Vermutlich hat Paulus diesen Segensspruch nicht erfunden. Er hat ihn übernommen und uns überliefert. Viele haben damals mit diesen Worten gesegnet. Im Kern handelt es sich um einen trinitarischen Segen. Die Gnade schenkt uns Jesus Christus. Die Liebe kommt von Gott, dem Vater und Schöpfer der Welt, und wahre Gemeinschaft ermöglicht der Heilige Geist. Und doch ist es der Segen des einen Gottes, der in drei Beziehungsweisen als Gegenüber zu uns Menschen auftritt: als liebender Vater und Schöpfer der Welt, als Jesus Christus, der wie ein Bruder unter uns Menschen lebte und sogar den Tod auf sich nahm, und als Heiliger Geist, in dem Gott uns unter die Haut geht. Alle diese drei Seiten Gottes brauchen wir, um gesegnet unseren Weg zu gehen.

1. Sonntag nach Trinitatis

Lesung: Johannes 5, 39-47

Jesus sprach zu den Juden:
Ihr sucht in den Schriften,
denn ihr meint, ihr habt das ewige Leben darin;
und sie sind's, die von mir zeugen;
aber ihr wollt nicht zu mir kommen,
dass ihr das Leben hättet.
Ich nehme nicht Ehre von Menschen an;
aber ich kenne euch,
dass ihr nicht Gottes Liebe in euch habt.
Ich bin gekommen in meines Vaters Namen,
und ihr nehmt mich nicht an.
Wenn ein anderer kommen wird in seinem eigenen Namen,
den werdet ihr annehmen.
Wie könnt ihr glauben, die ihr Ehre voneinander annehmt,
und die Ehre, die von dem alleinigen Gott ist,
sucht ihr nicht?
Meint nicht, dass ich euch vor dem Vater verklagen werde;
der euch verklagt, ist Mose, auf den ihr hofft.
Wenn ihr Mose glaubtet, so glaubtet ihr auch mir;
denn er hat von mir geschrieben.
Wenn ihr aber seinen Schriften nicht glaubt,
wie werdet ihr meinen Worten glauben?

IMPULS: „Wer euch hört, der hört mich; und wer euch verachtet, der verachtet mich." Der Wochenspruch für den ersten Sonntag nach Trinitatis bildet einen Schlüssel zum Verständnis der Auseinandersetzung Jesu mit religiösen Vertretern im fünften Kapitel des Johannesevangeliums. Zentral ist das Hören. Das gilt sowohl bei der Verkündigung der Jüngerinnen und Jünger Jesu als auch beim Lesen der Heiligen Schrift.

Hier tut sich ein schwieriges Problem auf. In den Worten, mit denen Jesus die Juden hart kritisiert, wird auch die antijudaistische Haltung des Evangelisten Johannes deutlich. Die jüdischen Vertreter lesen seiner Meinung nach die Bibel falsch. Und erkennen nicht, dass schon die Thora auf Jesus hinweist. Dass sie durch ihr Studium der fünf Büchern Mose nicht erkennen, wer Jesus ist, wird ihnen vorgeworfen. Darum werden sie beim Endgericht von Moses selbst angeklagt, den sie offenbar falsch gedeutet haben.

Heute ist es für uns selbstverständlich, dass Christen und Juden an den gleichen Gott glauben. Wir sind Glaubensgeschwister. Und die Bücher des Alten Testaments, die zuallererst jüdische Schriften sind, gelten für uns, weil sie zunächst für die Juden gelten. Wir verstehen uns nicht mehr im Gegenüber zu den Juden, sondern im Miteinander. Manche antijudaistische Passage im Johannesevangelium ist deshalb heute nur schwer erträglich.

Dabei handeln die Juden doch richtig. Sie forschen in den heiligen Schriften, um das ewige Leben zu finden. Trotzdem werden sie von Johannes kritisiert, weil sie die Schriften nicht im Sinne der frühen Kirche lesen. Die junge Kirche distanziert sich immer weiter vom Judentum, dem sie selbst entspringt. Können ihre Mahnungen uns bis heute tragen? Wie gelingt es uns, die heiligen Schriften richtig zu lesen? Können wir etwas tun, damit wir Gottes Stimme hören, wenn wir in der Bibel lesen? Nicht immer, wenn wir die Bibel aufschlagen, spricht sie zu uns. Nicht immer gelingt es, richtig hinzuhören. Oft ziehen die Worte an uns vorüber, ohne uns unbedingt anzugehen. Es ist immer ein Gottesgeschenk, wenn uns ein Bibelabschnitt zum Wort Gottes wird. Das ist heute nicht anders als zur Zeit Jesu.

2. Sonntag nach Trinitatis

Lesung: Jesaja 55,1-5

Wohlan, alle, die ihr durstig seid,
kommt her zum Wasser!
Und die ihr kein Geld habt, kommt her, kauft und esst!
Kommt her und kauft ohne Geld
und umsonst Wein und Milch!
Warum zählt ihr Geld dar für das, was kein Brot ist,
und euren sauren Verdienst für das, was nicht satt macht?
Hört doch auf mich,
so werdet ihr Gutes essen und euch am Köstlichen laben.
Neigt eure Ohren her und kommt her zu mir!
Höret, so werdet ihr leben!
Ich will mit euch einen ewigen Bund schließen,
euch die beständigen Gnaden Davids zu geben.
Siehe, ich habe ihn den Völkern zum Zeugen bestellt,
zum Fürsten für sie und zum Gebieter.
Siehe, du wirst Völker rufen, die du nicht kennst,
und Völker, die dich nicht kennen, werden zu dir laufen
um des Herrn willen, deines Gottes,
und des Heiligen Israels, der dich herrlich gemacht hat.

IMPULS: Ist das nicht ein Zukunftstraum: völlig ohne Geld auszukommen und nicht Mangel zu leiden? Das ist doch wahrer Reichtum: dass man das, was man braucht, ohne Geld haben kann. Eine Vision, die sich anfühlen muss, als wären wir im Himmel. Oder zumindest doch im Schlaraffenland, wo man nicht erst Geld verdienen muss, um sich das leisten zu können, was man gerne hätte. Diese Vision verheißt denen, die sich zu Gott halten, das wahre Leben. Bei ihm werden sie nicht nur Brot und Wasser finden, sondern auch Milch und Wein – also nicht nur das Existenzminimum, sondern darüber hinaus alles, was es für eine fröhliche Feier braucht.

Umso unverständlicher erscheint, wofür manche zur damaligen Zeit ihr Geld verschwenden. Vermutlich für Luxusgegenstände, die aber letztlich keinen Wert haben, weil sie nicht satt machen und deshalb für nichts und wieder nichts ausgegeben werden. Zum Hintergrund ist es wichtig, die Umstände zu betrachten, in denen diese Vision verkündet wurde: mitten in der Zeit des Exils. Hier erinnert die Vision daran, dass Gott den Seinen ein Land schenken will, in dem „Milch und Honig fließen“ sollen (2. Buch Mose 3,8). Der Text spielt an auf die Zeit der Könige David und Salomo, in der es den Israeliten so gut ging wie zu keiner anderen davor oder danach. Die Vision verdeutlicht: Gott hält sich an seine Verheißung. Er wird den Seinen, die aktuell in der Fremde darben, ihre Heimat zurückgeben. Sie können sich auf ihn verlassen.

„Kommt her zu mir, alle, die ihr mühselig und beladen seid;“ sagt Jesus in Matthäus 11,28, „ich will euch erquicken.“ Der Wochenspruch für den zweiten Sonntag nach Trinitatis scheint direkt an die Vision aus dem 55. Kapitel des Propheten Jesaja anzuknüpfen. Jesus lebt mit seinen Jüngern diese Vision. Zu ihm können alle kommen, auch die Armen und Ausgebeuteten. Bei ihm gibt es mehr als Brot und Wasser. In seiner Nähe finden sie alles, was sie zum guten Leben brauchen. Und zwar gratis ohne Geld.

3. Sonntag nach Trinitatis

Lesung: 1. Timotheusbrief 1,12-17

Ich danke unserm Herrn Christus Jesus,
der mich stark gemacht und für treu erachtet hat
und in das Amt eingesetzt,
mich, der ich früher ein Lästerer
und ein Verfolger und ein Frevler war;
aber mir ist Barmherzigkeit widerfahren,
denn ich habe es unwissend getan, im Unglauben.
Es ist aber desto reicher geworden die Gnade unseres Herrn
samt dem Glauben und der Liebe, die in Christus Jesus ist.
Das ist gewisslich wahr und ein teuer wertes Wort:
Christus Jesus ist in die Welt gekommen,
die Sünder selig zu machen, unter denen ich der erste bin.
Aber darum ist mir Barmherzigkeit widerfahren,
dass Christus Jesus an mir als Erstem alle Geduld erweise,
zum Vorbild denen, die an ihn glauben sollten
zum ewigen Leben.
Aber Gott, dem ewigen König,
dem Unvergänglichen und Unsichtbaren,
der allein Gott ist,
sei Ehre und Preis in Ewigkeit! Amen.

IMPULS: Am dritten Sonntag nach Trinitatis stehen das Suchen und Finden im Zentrum. Das Finden eines verlorenen Gegenstandes ist eine ganz alltägliche Begebenheit. Jeder und jede hat in der Vergangenheit etwas Wichtiges verloren. Die Trauer über den Verlust und dann die unbändige Freude, die sich einstellt, sobald das Verlorene wiedergefunden wird. So ähnlich muss es Gott gehen, wenn die Beziehung zwischen ihm und einem Menschen in die Brüche gegangen ist. Wenn sie sich wiederherstellen lässt, ist seine Freude groß.

Im ersten Timotheusbrief geht es auch um das Wiederfinden von Menschen, die verloren waren, und um Jesus Christus, der als Finder der Verlorenen beschrieben wird. Er schenkt selbst Sündern das ewige Heil und macht sie damit selig. Das lässt sich ganz konkret erfahren, wie das Beispiel des Paulus zeigt. Er war ein in der jungen Kirche gefürchteter Verfolger der Christenheit. Auf dem Weg nach Damaskus, wo er gegen die Jesusleute vorgehen wollte, änderte er sich aber radikal. Er hatte ein Erlebnis, das ihn nachhaltig beeindruckte. Von diesem Moment an war sein Leben grundsätzlich anders. Aus dem Verlorenen wurde ein Gefundener. Aus einem, der schlecht über die Jesusleute sprach, wurde einer, der Christus wortgewaltig verkündete. Und den wir heute mit Recht als den Missionar ansehen, der das Christentum nach Europa gebracht hat.

Seine Geschichte ist deshalb einzigartig. Und auf der anderen Seite kann sie ein Beispiel sein für unsere eigene Geschichte und unsere Beziehung zu Jesus Christus. Es kann auch uns Heutigen ähnlich ergehen wie Paulus. Auch wir sind vielleicht auf dem falschen Weg und geraten immer wieder weg von Christus. Doch er bleibt auf der Suche nach uns wie nach jedem Menschen. Dafür steht die Geschichte von Paulus. Jeder und jede kann sich von Christus finden lassen. Gerade die, die ahnen, dass sie auf dem falschen Weg geraten sind oder die sich verloren fühlen.

4. Sonntag nach Trinitatis

Lesung: Lukas 6,36-42

Jesus sprach:
Seid barmherzig, wie auch euer Vater barmherzig ist.
Und richtet nicht, so werdet ihr auch nicht gerichtet.
Verdammt nicht, so werdet ihr nicht verdammt.
Vergebt, so wird euch vergeben.
Gebt, so wird euch gegeben.
Ein volles, gedrücktes, gerütteltes und überfließendes Maß
wird man in euren Schoß geben;
denn eben mit dem Maß, mit dem ihr messt,
wird man euch zumessen.
Er sagte ihnen aber auch ein Gleichnis:
Kann denn ein Blinder einem Blinden den Weg weisen?
Werden sie nicht alle beide in die Grube fallen?
Ein Jünger steht nicht über dem Meister;
wer aber alles gelernt hat, der ist wie sein Meister.
Was siehst du den Splitter in deines Bruders Auge,
aber den Balken im eigenen Auge nimmst du nicht wahr?
Wie kannst du sagen zu deinem Bruder:
Halt still, Bruder,
ich will dir den Splitter aus deinem Auge ziehen,
und du siehst selbst nicht den Balken in deinem Auge?
Du Heuchler, zieh zuerst den Balken aus deinem Auge,
danach kannst du sehen
und den Splitter aus deines Bruders Auge ziehen.

IMPULS: Der vierte Sonntag nach Trinitatis ist ein starker Aufruf an die christliche Lebensführung. Wir sollen es Jesus gleichtun und möglichst so handeln, wie er es während seines Lebens getan hat. Er traut uns das nach den Worten der Feldpredigt zu, die der Evangelist Lukas überliefert hat. Wie er können wir andere Menschen mit Augen der Liebe ansehen, statt sie ungnädig zu beurteilen. Keinesfalls dürfen wir ihr Handeln verurteilen, wenn wir selbst nicht verurteilt werden wollen. Denn in der Regel sind wir nicht besser als unsere Mitmenschen. Darum sollten wir für sie offen bleiben, nicht ihre Fehler suchen, sondern ihre Fähigkeiten und Möglichkeiten und in unseren Mitmenschen zuallererst Gottes geliebte Geschöpfe sehen. So hat es Jesus getan, der sich sogar um Sünder und Zöllner kümmerte und sich mit ihnen an einen Tisch setzte.

Das wird uns nicht immer gelingen. Wir können nur ansatzweise Jesus nachfolgen, weil uns das Beurteilen anderer zu sehr in den Knochen steckt. Aber wenn wir andere als von Gott Geliebte wahrnehmen und ihre Potentiale entdecken, tut das ihnen unendlich gut. Sie werden das Wohlwollen wahrnehmen, mit dem sie betrachtet werden. Es stärkt sie und lässt vielleicht sogar manches gelingen, was sonst nicht geklappt hätte.

Aber auch für uns ist es gut, nicht missbilligend durch die Welt zu laufen, sondern die Würde wahrzunehmen, die jedem Menschen zusteht. Und dann entsprechend zu handeln. Mehr auf das Positive achten als auf das Negative, tut der eigenen Seele gut. Nicht kleinlich sein, lässt das eigene Herz weit werden und lässt das Maß groß werden, das jedem in seinem Leben bemessen ist.

Wer dagegen kleinlich auf die Fehler anderer achtet, ist wie ein Mensch, der einen kleinen, bedeutungslosen Splitter im Auge seines Gegenübers entdeckt, aber der selbst ein Brett vor dem Kopf hat. Er ist letztlich eine lächerliche Person, die das selbst nicht einmal merkt.

5. Sonntag nach Trinitatis

Lesung: Matthäus 9,35-10,1[2-4]5-10

Jesus zog umher in alle Städte und Dörfer,
lehrte in ihren Synagogen
und predigte das Evangelium von dem Reich
und heilte alle Krankheiten und alle Gebrechen.
Und als er das Volk sah, jammerte es ihn;
denn sie waren geängstet und zerstreut
wie die Schafe, die keinen Hirten haben.
Da sprach er zu seinen Jüngern:
Die Ernte ist groß, aber wenige sind der Arbeiter.
Darum bittet den Herrn der Ernte,
dass er Arbeiter in seine Ernte sende.
Und er rief seine zwölf Jünger zu sich
und gab ihnen Macht über die unreinen Geister,
dass sie die austrieben
und heilten alle Krankheiten und alle Gebrechen.

[Die Namen aber der zwölf Apostel sind diese:
zuerst Simon, genannt Petrus, und Andreas, sein Bruder;
Jakobus, der Sohn des Zebedäus, und Johannes, sein Bruder;
Philippus und Bartholomäus;
Thomas und Matthäus, der Zöllner;
Jakobus, der Sohn des Alphäus, und Thaddäus;
Simon Kananäus und Judas Iskariot, der ihn verriet.]
Diese Zwölf sandte Jesus aus, gebot ihnen und sprach:
Geht nicht den Weg zu den Heiden
und zieht nicht in eine Stadt der Samariter,
sondern geht hin
zu den verlorenen Schafen aus dem Hause Israel.
Geht aber und predigt
und sprecht: Das Himmelreich ist nahe herbeigekommen.
Macht Kranke gesund, weckt Tote auf,
macht Aussätzige rein, treibt Dämonen aus.
Umsonst habt ihr's empfangen, umsonst gebt es auch.
Ihr sollt weder Gold noch Silber noch Kupfer
in euren Gürteln haben,
auch keine Tasche für den Weg,
auch nicht zwei Hemden, keine Schuhe,
auch keinen Stecken.
Denn ein Arbeiter ist seiner Speise wert.

IMPULS: Es sind immer zu wenige. Das ist heute in der Kirche und in den Gemeinden nicht anders als zur Zeit Jesu. Es gibt meistens zu wenige, die sich für Gottes Sache einsetzen. In aller Regel sind nicht genügend Menschen da, die sich von Gott berufen lassen. Dabei ist das Feld groß und erntereif, wie Jesus zu seinen Jüngerinnen und Jüngern sagt. In Gottes Reich ist zu jeder Zeit viel Platz. Nur die Arbeiter fehlen. Darum wird – nach menschlichem Ermessen – die Ernte nur zum Teil einzubringen sein.

Doch das darf keine Ausrede werden! Jesus jedenfalls lässt sich nicht von der übergroßen Aufgabe entmutigen. Er weiß, was er tun kann. Und er weiß, dass er möglichst viele Helfer braucht. Er schickt als Erstes seine zwölf Jünger aus mit der Vollmacht, in seinem Namen zu handeln. Wir wissen, dass das einfache Leute waren: ehemalige Fischer und auch ein Zöllner, der bis vor kurzem mit den verhassten Römern kooperierte und darum von vielen Israeliten verachtet war. Das macht Mut. Jeder kann dazu beitragen, den Menschen die Bedeutung des Gottesreiches nahezubringen. Es ist gut, dass es heute dazu qualifizierende Ausbildungen gibt und Fort- und Weiterbildungen. Aber zuallererst kommt es darauf an, sich von Gott berufen zu wissen, diese Aufgabe auszufüllen. Es geht ja um Gottes Reich. Letztlich muss Gott die Menschen locken, sich ihm und seinem Reich zuzuwenden.

Das macht Jesus seinen Jüngern deutlich, indem er sie ohne Gold und Silber losschickt und ohne Taschen. Jesus ist sicher: Gott wird sich um die kümmern, die zu seinem Reich gehören und dafür arbeiten. Er begründet das mit einer geradezu ökonomischen Regel: „Der Arbeiter ist seiner Speise wert." Was bedeutet das für uns heute? In einer Kirche, in der Haupt- und Nebenamtliche selbstverständlich bezahlt werden? Und in der das Gelingen von Projekten daran hängt, ob finanzielle Mittel zur Verfügung stehen? In einer Zeit, in der jedoch die Kirchensteuereinnahmen Jahr für Jahr weniger werden, macht es Hoffnung, dass Kirche auch im einfachen Gewand funktioniert. Und sich stets Menschen finden werden, die das Kommen von Gottes Reich verkündigen.

6. Sonntag nach Trinitatis

Lesung: 1. Petrusbrief 2,2-10

Seid begierig nach der vernünftigen lauteren Milch
wie die neugeborenen Kindlein,
auf dass ihr durch sie wachset zum Heil,
da ihr schon geschmeckt habt,
dass der Herr freundlich ist.
Zu ihm kommt als zu dem lebendigen Stein,
der von den Menschen verworfen ist,
aber bei Gott auserwählt und kostbar.
Und auch ihr als lebendige Steine
erbaut euch zum geistlichen Hause
und zur heiligen Priesterschaft,
zu opfern geistliche Opfer,
die Gott wohlgefällig sind durch Jesus Christus.
Darum steht in der Schrift:
„Siehe, ich lege in Zion
einen auserwählten, kostbaren Eckstein;
und wer an ihn glaubt, der soll nicht zuschanden werden." (Jesaja 28,16)

Für euch nun, die ihr glaubt, ist er kostbar.
Für die aber, die nicht glauben,
ist er „der Stein, den die Bauleute verworfen haben;
der ist zum Eckstein geworden“ (Psalm 118,22)
und „ein Stein des Anstoßes und ein Fels des Ärgernisses“. (Jesaja 8,14)
Sie stoßen sich an ihm, weil sie nicht an das Wort glauben,
wozu sie auch bestimmt sind.
Ihr aber seid ein auserwähltes Geschlecht,
ein königliches Priestertum,
ein heiliges Volk,
ein Volk zum Eigentum,
dass ihr verkündigen sollt
die Wohltaten dessen, der euch berufen hat
aus der Finsternis in sein wunderbares Licht;
die ihr einst nicht sein Volk wart, nun aber Gottes Volk seid,
und einst nicht in Gnaden wart, nun aber in Gnaden seid. (Hosea 2,25)

IMPULS: „Fürchte dich nicht, denn ich habe dich erlöst; ich habe dich bei deinem Namen gerufen; du bist mein!" (Jesaja 43,1b) Diese Worte aus dem Wochenspruch für den sechsten Sonntag nach Trinitatis zeigen, worum es an diesem Tag und in dieser Woche thematisch geht: um die Taufe und ihre Bedeutung. Wie neugeborene Kinder oder gerade erst Getaufte sollen wir begierig bleiben für das Heil Gottes, das er uns bereits im Hier und Jetzt schmecken lässt. Als Getaufte gehören wir zu Gott und in sein Haus. Ja, mehr noch: Wir sind sogar lebendige Steine in Gottes Haus – getragen und zusammengehalten von Jesus Christus als dem Eckstein. Wir gehören dazu. Und ohne uns würde Gottes Haus anders aussehen. Es wäre kleiner, weil wir fehlten. Den Eckstein, der alles zusammenhält, können wir uns wie einen Schlussstein in einer gotischen Kirche vorstellen. Er trägt das gesamte Gewölbe und hält letztlich das ganze Gebäude zusammen. Aber er braucht die Steine unter sich, sonst ist er nur wenig wert.

Darum nennt der Schreiber des ersten Petrusbriefes uns „ein ausgewähltes Geschlecht, ein königliches Priestertum, ein heiliges Volk." Die Prädikate, die an anderen Stellen in der Bibel mit dem Messias verknüpft sind, werden hier uns zugesprochen: erwählt zu sein und zum königlichen Priestertum zu gehören, weil wir als lebendige Steine im Hause Gottes ganz dazugehören – zusammengehalten durch Jesus Christus, der als Schlussstein allen Stabilität gibt.

Darum haben wir uns taufen lassen und taufen wir Kinder, Jugendliche und Erwachsene. Weil die Taufe ein Zeichen ist, dass wir Jesus Christus nachfolgen und zu seiner Gemeinde gehören. Nicht immer wird es uns gelingen, uns an ihm als dem Schlussstein zu orientieren. Manchmal werden wir kaum tragfähig sein, eher tote als lebendige Steine. Aber die Taufe ist ein Hoffnungszeichen, das sagt: Gott ruft jeden von uns mit seinem Namen und spricht ihm zu, zu ihm zu gehören – komme, was wolle.

7. Sonntag nach Trinitatis

Lesung: Johannes 6,30-35

Das Volk sprach zu Jesus: Was tust du für ein Zeichen,
auf dass wir sehen und dir glauben?
Was wirkst du?
Unsre Väter haben Manna gegessen in der Wüste,
wie geschrieben steht:
„Brot vom Himmel gab er ihnen zu essen." (Psalm 78,24)
Da sprach Jesus zu ihnen: Wahrlich, wahrlich, ich sage euch:
Nicht Mose hat euch das Brot vom Himmel gegeben,
sondern mein Vater gibt euch
das wahre Brot vom Himmel.
Denn dies ist das Brot Gottes, das vom Himmel kommt
und gibt der Welt das Leben.
Da sprachen sie zu ihm: Herr, gib uns allezeit solches Brot.
Jesus aber sprach zu ihnen: Ich bin das Brot des Lebens.
Wer zu mir kommt, den wird nicht hungern;
und wer an mich glaubt,
den wird nimmermehr dürsten.

IMPULS: Am siebten Sonntag nach Trinitatis geht es um das „Brot vom Himmel". Brot ist seit jeher die entscheidende Lebensgrundlage, aus der wir unsere Lebensenergie ziehen. Wir können es – ohne uns je daran satt zu essen – Tag für Tag zu uns nehmen. Wir brauchen es. Ohne Brot können wir nicht wirklich leben. Erschreckend, dass selbst im 21. Jahrhundert nicht jeder Mensch auf Erden genug davon hat und eine in dieser Zeit wieder größer werdende Zahl an Menschen hungern muss. Genug Brot zu haben, ist also bis heute alles andere als selbstverständlich. Weil das so ist, bitten wir im Vaterunser, dem zentralen christlichen Gebet, um das tägliche Brot. Gott möge uns und allen anderen Menschen Tag für Tag diese zentrale Lebensgrundlage schenken, damit wir satt werden.

Aber Brot ist mehr als Sättigung. Das zeigt sich an Jesus und seiner Gewohnheit, mit seinen Mitmenschen zu essen und zu trinken. Es ist seine Art, seinen Mitmenschen seine Liebe und Zuwendung deutlich zu machen. Darum setzt er sich selbst mit den religiösen und gesellschaftlichen Außenseitern an einen Tisch. Weil aus seiner Sicht alle im Reich Gottes willkommen sind.

Doch nicht alle können damit umgehen. Manche stellen Jesus infrage, weil er sich ihnen nicht so zuwendet, wie sie es wollen. Bei ihm finden sie nicht, was sie suchen. Jesus speist sie nicht mit Himmelsbrot. Mose hatte doch den Israeliten dieses besondere Brot gegeben: das Manna, das mitten in der Wüste jeden Morgen neu da war. Und das jeder einsammeln konnte. Und das genau für einen Tag reichte.

Jesus hat ein anderes Verständnis des Himmelsbrotes: „Ich bin das Brot des Lebens", sagt er. Bei ihm lässt sich das finden, was es zum guten Leben braucht, ohne wieder hungrig oder durstig zu werden. Vielleicht ist es für manche eine Enttäuschung, dass sich Jesus mit so etwas Alltäglichem vergleicht. Doch letztlich ist er die Lebensgrundlage, die wir Glaubenden Tag für Tag brauchen. Und an der wir uns niemals satt essen werden.

8. Sonntag nach Trinitatis

Lesung: Jesaja 2,1-5

Dies ist das Wort, das Jesaja, der Sohn des Amoz,
schaute über Juda und Jerusalem.
Es wird zur letzten Zeit
der Berg, da des Herrn Haus ist, fest stehen,
höher als alle Berge und über alle Hügel erhaben,
und alle Heiden werden herzulaufen,
und viele Völker werden hingehen und sagen:
Kommt, lasst uns hinaufgehen zum Berg des Herrn,
zum Hause des Gottes Jakobs,
dass er uns lehre seine Wege
und wir wandeln auf seinen Steigen!
Denn von Zion wird Weisung ausgehen
und des Herrn Wort von Jerusalem.
Und er wird richten unter den Nationen
und zurechtweisen viele Völker.
Da werden sie ihre Schwerter zu Pflugscharen machen
und ihre Spieße zu Sicheln.
Denn es wird kein Volk wider das andere
das Schwert erheben,
und sie werden hinfort nicht mehr lernen,
Krieg zu führen.
Kommt nun, ihr vom Hause Jakob,
lasst uns wandeln im Licht des Herrn!

IMPULS: Ein tolles Bild, das der Prophet Jesaja hier malt: Schwerter werden zu Pflugscharen und Spieße zu Sicheln. Geräte, die ursprünglich Angst einjagen und zu Tode bringen sollen, dienen am Ende dem Leben. Das ist eine Vision, die über die Jahrhunderte bis heute Menschen gebraucht haben. Sie leistet Widerstand gegen die verquere Logik aller Kriegstreiber, die immer schwerere und wirksamere Waffen fordern und bauen lassen. Nur Stärke wirkt mächtig. Und je mehr Waffen einer Seite zur Verfügung stehen, desto mehr Macht scheint sie zu haben.

Die Vision des Propheten Jesaja ist hochgradig ansteckend. Das zeigt sich in der Bronzeskulptur des sowjetischen Künstlers Jewgeni Wutschetitsch, die der UNO Ende der 50er Jahre von der früheren Sowjetunion geschenkt wurde. Seit Ende der 50er Jahre steht diese Friedens-Skulptur im Garten des UNO-Hauptgebäudes in New York. Als in den 80er Jahren die kirchliche Jugendarbeit in der DDR Aufnäher mit einem Bild dieser Skulptur und der Botschaft „Schwerter zu Pflugscharen" verbreitete, war das ein voller Erfolg. Das Verbot der Aufnäher durch die DDR-Führung blieb wirkungslos. Die jungen Leute schnitten nun kreisrunde Löcher in ihre Jacken und demonstrierten auf diese Weise für den Weltfrieden.

Das Bild vom Umschmieden der Waffen ist eine Vision, die Hoffnung weckt auf ein Ende der Gewalt. Dies wird aber immer nur stückweise geschehen. Letztlich wird sich diese Vision am Ende der Welt erfüllen, wenn sich die aktuellen Maßstäbe radikal verschieben. Und der eher bescheidene Tempelberg in Jerusalem wie der höchste Berg der Erde erscheint, an dem die Völker aus der ganzen Welt in völligem Frieden Platz finden. Dort wird sich kein Volk gegen das andere mehr erheben. Mächtige und ohnmächtige Völker werden nach Gott fragen und auf sein Urteil hoffen. Was für ein ansteckendes und wirkungsvolles Bild. Es ist hochgradig wahr, gerade weil es der aktuellen Welt eine Gegenwelt gegenüberstellt.

9. Sonntag nach Trinitatis

Lesung: Philipperbrief 3,[4-6]-14

[Wenn ein anderer meint,
er könne sich aufs Fleisch verlassen,
so könnte ich es viel mehr,
der ich am achten Tag beschnitten bin,
aus dem Volk Israel, vom Stamm Benjamin,
ein Hebräer von Hebräern,
nach dem Gesetz ein Pharisäer,
nach dem Eifer ein Verfolger der Gemeinde,
nach der Gerechtigkeit, die das Gesetz fordert,
untadelig gewesen. Aber:]
Was mir Gewinn war,
das habe ich um Christi willen für Schaden erachtet.
Ja, ich erachte es noch alles für Schaden
gegenüber der überschwänglichen Erkenntnis Christi Jesu,
meines Herrn.
Um seinetwillen ist mir das alles ein Schaden geworden,
und ich erachte es für Dreck,
auf dass ich Christus gewinne und in ihm gefunden werde,
dass ich nicht habe meine Gerechtigkeit,
die aus dem Gesetz,
sondern die durch den Glauben an Christus kommt,
nämlich die Gerechtigkeit,
die von Gott kommt durch den Glauben.

Ihn möchte ich erkennen
und die Kraft seiner Auferstehung
und die Gemeinschaft seiner Leiden
und so seinem Tode gleich gestaltet werden,
damit ich gelange zur Auferstehung von den Toten.
Nicht, dass ich's schon ergriffen habe
oder schon vollkommen sei;
ich jage ihm aber nach, ob ich's wohl ergreifen könnte,
weil ich von Christus Jesus ergriffen bin.
Meine Brüder und Schwestern,
ich schätze mich selbst nicht so ein,
dass ich's ergriffen habe.
Eins aber sage ich:
Ich vergesse, was dahinten ist,
und strecke mich aus nach dem, was da vorne ist,
und jage nach dem vorgesteckten Ziel,
dem Siegespreis der himmlischen Berufung Gottes
in Christus Jesus.

IMPULS: Religion ist eine riskante Angelegenheit. Sie verpflichtet uns, etwas für unser Seelenheil zu tun. Und doch können wir nur wenig selbst tun. Wir können uns von Gott nur beschenken lassen. Das Entscheidende hängt nicht an uns Menschen. Das Heil wird uns stets von Gott gegeben. Und doch geht das nicht ohne unsere Beteiligung. Das zeigt sich in besonderer Weise an der Biographie des Paulus. Seit er vor Damaskus Christus begegnet war, hatte er eine radikale Umkehr vollzogen. Hatte er sich früher für sein Volk und den jüdischen Glauben eingesetzt, setzt er sich nun für Christus ein. War ihm früher seine Verbindung zum Volk Israel wichtig, so geht es ihm ab seinem Damaskuserlebnis nur noch darum, zu Christus zu gehören und zwar nicht, weil er sich selbst dafür entschieden hat, sondern weil er selbst von Christus ergriffen wurde, wie er es formuliert. Ihn möchte er mehr und mehr erkennen und nur noch ihm nachfolgen.

Seine früheren Anschauungen achtet Paulus nun gering. Dass er aus dem Stamm Benjamin stammt, am achten Tag beschnitten wurde, das Gesetz gewissenhaft beachtet hat, hat für ihn kaum noch Bedeutung. Er erachtet das alles sogar als schädlich für seinen Glauben an Jesus Christus, weil er sich damit auf etwas allzu Menschliches verlassen würde: auf seine Abstammung oder auf das, was er tut und unterlässt.

Darin weist Paulus auf einen entscheidenden Punkt jeder Religion hin, der aber immer wieder in den Hintergrund zu treten droht: Vor Gott kommt es immer nur bedingt auf das an, was wir tun. Und noch weniger kommt es auf die Herkunft an. Zur Religion gehört, dass Gott uns beschenkt. Daher kann sich jeder zu Christus halten. Egal, aus welchem Milieu wir kommen, und egal, was wir bisher getan oder unterlassen haben: Wo wir Christus begegnen, beginnt unser Leben von vorne. Wir sind dann wie neu geboren. Was hinter uns liegt, verliert an Bedeutung. Es kommt vor allem auf das Ziel an, auf das wir uns nun ausrichten: den Siegespreis zu ergreifen, den Gott jedem schenkt, der auf Jesus Christus vertraut.

10. Sonntag nach Trinitatis: Israelsonntag: Kirche und Israel

Lesung: Markus 12,28-34

Einer der Schriftgelehrten, der ihnen zugehört hatte,
wie sie miteinander stritten, trat zu Jesus.
Als er sah, dass er ihnen gut geantwortet hatte, fragte er ihn:
Welches ist das höchste Gebot von allen?
Jesus antwortete: Das höchste Gebot ist das:
„Höre, Israel, der Herr, unser Gott, ist der Herr allein,
und du sollst den Herrn, deinen Gott, lieben
von ganzem Herzen, von ganzer Seele,
von ganzem Gemüt und mit all deiner Kraft.“ (5. Buch Mose 6,4-5)
Das andre ist dies:
„Du sollst deinen Nächsten lieben wie dich selbst.“ (3. Buch Mose 19,18)
Es ist kein anderes Gebot größer als diese.
Und der Schriftgelehrte sprach zu ihm:
Ja, Meister, du hast recht geredet!
Er ist einer, und ist kein anderer außer ihm;
und ihn lieben von ganzem Herzen,
von ganzem Gemüt und mit aller Kraft,
und seinen Nächsten lieben wie sich selbst,
das ist mehr als alle Brandopfer und Schlachtopfer.
Da Jesus sah, dass er verständig antwortete,
sprach er zu ihm: Du bist nicht fern vom Reich Gottes.
Und niemand wagte mehr, ihn zu fragen.

IMPULS: Das Gespräch zwischen Jesus und einem Schriftgelehrten bekommt am 10. Sonntag nach Trinitatis einen besonderen Klang. Wie bei einem gelungenen interreligiösen Dialog sind sich beide einig bei der Frage, was als höchstes Gebot gelten kann. Vor dem Hintergrund des Israelsonntags und der Frage nach dem Verhältnis von Kirche und Israel klingt dieses Gespräch wie ein gelungenes Beispiel, das wir viel häufiger wiederholen sollten. Jesus knüpft an das zentrale Bekenntnis des Judentums an: „Höre, Israel, der Herr, unser Gott, ist der Herr allein, und du sollst den Herrn, deinen Gott, lieben von ganzem Herzen, von ganzer Seele, von ganzem Gemüt und mit all deiner Kraft“ (5. Buch Mose 6,4-5). Und der jüdische Gelehrte betont, dass zwischen ihm und Jesus Einigkeit darin besteht, dass die Liebe zu Gott und die Liebe zum Nächsten alle anderen Gebote und Weisungen der Thora einschließen. Die Liebe zu Gott und den Menschen dürfen nicht gegeneinander ausgespielt werden. Sie gehören zusammen und bilden gemeinsam das höchste Gebot.

Natürlich ist Jesus selbst Jude und das Gespräch ist deshalb streng genommen kein Dialog zweier Vertreter unterschiedlicher Religionen. Aber diese Tatsache macht umso deutlicher, wie verwandt sich Judentum und Christentum sind. Es gibt die gemeinsame Tradition, die gemeinsamen heiligen Schriften, den Glauben an den einen gemeinsamen Gott. Die Erzählung vom Auszug des Volkes Israel aus Ägypten und die lange Wanderung durch die Wüste wurden im Christentum immer wieder aufgegriffen und als Urbild des befreienden Glaubens entdeckt.

Am Ende des Gesprächs mit dem Schriftgelehrten stellt Jesus diese innere Nähe zwischen ihnen fest: „Du bist nicht fern vom Reich Gottes.“ Auch wir sollten mehr nach den Gemeinsamkeiten zwischen Christentum und Judentum suchen. Als Kinder eines gemeinsamen Gottes sind wir nichts anderes als Schwestern und Brüder.

10. Sonntag nach Trinitatis: Israelsonntag: Gedenktag der Zerstörung Jerusalems

Lesung: Lukas 19,41-48

Als Jesus nahe hinzukam und die Stadt Jerusalem sah,
weinte er über sie und sprach:
Wenn doch auch du erkenntest an diesem Tag,
was zum Frieden dient!
Aber nun ist's vor deinen Augen verborgen.
Denn es wird eine Zeit über dich kommen,
da werden deine Feinde um dich einen Wall aufwerfen,
dich belagern und von allen Seiten bedrängen
und werden dich dem Erdboden gleichmachen
samt deinen Kindern in dir
und keinen Stein auf dem andern lassen in dir,
weil du die Zeit nicht erkannt hast,
in der du besucht worden bist.

Und er ging in den Tempel
und fing an, die Händler hinauszutreiben,
und sprach zu ihnen:
Es steht geschrieben:
„Mein Haus wird ein Bethaus sein“; (Jesaja 56,7)
ihr aber habt es zur Räuberhöhle gemacht.
Und er lehrte täglich im Tempel.
Aber die Hohenpriester und die Schriftgelehrten
und die Angesehensten des Volkes
trachteten danach, dass sie ihn umbrächten,
und fanden nicht, wie sie es machen sollten;
denn alles Volk hing ihm an und hörte ihn.

IMPULS: Der Gedenktag der Zerstörung Jerusalems und des Tempels ist mit großen Emotionen verbunden, wie sich an der Szene aus dem Lukasevangelium zeigt. Jesus bricht beim Anblick der Heiligen Stadt in Tränen aus und ruft impulsiv: „Wenn doch auch du erkenntest (...), was zum Frieden dient! Aber nun ist's vor deinen Augen verborgen." Es ist wirklich zum Heulen, dass die wunderschöne Stadt Jerusalem immer wieder zerstört und von Gewalt heimgesucht wird. Friede ist für die Stadt Jerusalem bis heute ein unerfüllter Traum geblieben. Auf die Zerstörung Jerusalems und des Tempels im Jahr 70 nach Christus folgten über die Jahrhunderte hinweg zahlreiche Kriege um die für drei Weltreligionen wichtige Stadt. Immer wieder wurde sie zum Schauplatz von zügelloser Gewalt.

Als Jesus nach seinem Einzug in die Stadt den Jerusalemer Tempel besucht, schlägt seine Trauer in Wut um. Er sieht die Händler, die sich hier breitmachen und dem Gotteshaus das Besondere nehmen. Ein Gotteshaus ist ja ein geschützter Raum, ein Ort des Gebets und der inneren Einkehr. Jesus stört, wie die Händler hier ihre Waren verkaufen und der Opferkult für sie ein einträgliches Geschäftsmodell geworden ist. Die Opfergaben werden mit einer Steuer belegt und können den Gläubigen zu Wucherpreisen verkauft werden. Priester und Händler verdienen entsprechend prächtig.

Am Israelsonntag denken wir Christinnen und Christen an die Zerstörung des Tempels. Aber wir sollten uns vor allem an das Leid erinnern, das Christen über Jahrhunderte hinweg Juden angetan haben. Juden wurden im Mittelalter als Christusmörder geächtet, sie wurden zu Unrecht häufig blutigster Verbrechen beschuldigt und Opfer von schrecklichen Pogromen. Sie wurden gesellschaftlich ausgegrenzt und unterdrückt. Den Höhepunkt der Judenverfolgung bildete zweifellos die Shoah während der NS-Zeit, als Juden im deutschen Reich entrechtet, enteignet, deportiert und am Ende millionenfach umgebracht wurden. Zu den Emotionen des Gedenktages über die Zerstörung des Tempels gehört gerade in Deutschland die Scham über das grauenhafte Unrecht, das unseren jüdischen Mitbürgerinnen und Mitbürgern in unserem Land angetan wurde.

11. Sonntag nach Trinitatis

Lesung: Hiob 23,1-17

Hiob antwortete Elifas und sprach:
Auch heute lehnt sich meine Klage auf;
seine Hand drückt schwer, dass ich seufzen muss.
Ach dass ich wüsste, wie ich ihn finden
und zu seiner Stätte kommen könnte!
So würde ich ihm das Recht darlegen
und meinen Mund mit Beweisen füllen
und erfahren die Reden, die er mir antworten,
und vernehmen, was er mir sagen würde.
Würde er mit großer Macht mit mir rechten?
Nein, er selbst würde achthaben auf mich.
Dort würde ein Redlicher mit ihm rechten,
und für immer würde ich entrinnen meinem Richter!
Aber gehe ich nach Osten, so ist er nicht da;
gehe ich nach Westen, so spüre ich ihn nicht.
Wirkt er im Norden, so schaue ich ihn nicht;
verbirgt er sich im Süden, so sehe ich ihn nicht.

Er aber kennt meinen Weg gut.
Er prüfe mich, so will ich befunden werden wie das Gold.
Denn ich hielt meinen Fuß auf seiner Bahn
und bewahrte seinen Weg und wich nicht ab
und übertrat nicht das Gebot seiner Lippen
und bewahrte die Reden seines Mundes bei mir.
Doch er hat's beschlossen, wer will ihm wehren?
Und er macht's, wie er will.
Ja, er wird vollenden, was mir bestimmt ist,
und hat noch mehr derart im Sinn.
Darum erschrecke ich vor seinem Angesicht,
und wenn ich darüber nachdenke,
so fürchte ich mich vor ihm.
Gott ist's, der mein Herz mutlos gemacht,
und der Allmächtige, der mich erschreckt hat;
denn nicht der Finsternis wegen muss ich schweigen,
und nicht, weil Dunkel mein Angesicht deckt.

IMPULS: „Gott widersteht den Hochmütigen, aber den Demütigen gibt er Gnade." Wie der Wochenspruch aus dem ersten Petrusbrief richtig zu verstehen ist, können wir von Hiob lernen. Der schwer gebeutelte Mann wird von seinen Freunden aufgesucht, zu denen auch Elifas von Teman gehört. Sie kommen zu Hiob, beklagen dessen Schicksal, setzen sich zu ihm und schweigen. Aber als Hiob anfängt, sein Leben zu beklagen und Gott aufzufordern, ihm Recht zu geben, können das die Freunde nicht stehenlassen. Und sie beginnen, Hiob für sein Leid verantwortlich zu machen. Beispielsweise ermahnt Elifas Hiob in seiner dritten Rede: „Mach endlich Frieden mit Gott!" Gott mache die Hochmütigen klein, aber helfe denen, die ihre Augen vor ihm niederschlagen.

Hiob widerspricht Elifas. Wie soll er denn mit Gott Frieden schließen, wenn er ihn nicht finden kann? „Gehe ich nach Osten, so ist er nicht da; gehe ich nach Westen, so spüre ich ihn nicht. Wirkt er im Norden, so schaue ich ihn nicht; verbirgt er sich im Süden, so sehe ich ihn nicht." Gott nicht zu finden und sein Wirken nicht zu spüren, ist ein Phänomen, das viele kennen. An der Gottverlassenheit der Welt leiden aktuell viele Menschen. Besonders dann, wenn sie – wie Hiob – Gottes Handeln in ihrem Leid nicht sehen können. Dann kommt es uns vor, als habe Gott sich zurückgezogen. Hiobs Beispiel zeigt aber, dass es sich lohnt, sich damit nicht zufrieden zu geben und das Leid Gott zu klagen, selbst wenn sich das wie eine Anklage anhört.

Hiob mag auf den ersten Blick hochmütig erscheinen. Doch in der Logik des Hiobbuches, in dem der klare Zusammenhang von Tun und Ergehen infrage gestellt wird, handelt er korrekt. Er ist schuldlos in die Krise geraten. Sein Versuch, vor Gott sein Recht durchzusetzen, wird am Ende belohnt. Gott stellt sich auf Hiobs Seite und verurteilt das Geschwätz der Freunde. Er macht Hiob gesund und schenkt ihm neuen Reichtum und eine große Familie. Damit zeigt sich, dass Demut und selbstbewusstes Handeln sich nicht ausschließen. Wer demütig ist, muss sich vor Gott nicht kleinmachen. Gott will, dass wir offen und ehrlich zu ihm sind.

12. Sonntag nach Trinitatis

Lesung: Apostelgeschichte 3,1-10

Petrus und Johannes gingen hinauf in den Tempel
um die neunte Stunde, zur Gebetszeit.
Und es wurde ein Mann herbeigetragen,
der war gelähmt von Mutterleibe an;
den setzte man täglich vor das Tor des Tempels,
das da heißt das Schöne,
damit er um Almosen bettelte
bei denen, die in den Tempel gingen.
Als er nun Petrus und Johannes sah,
wie sie in den Tempel hineingehen wollten,
bat er um ein Almosen.
Petrus aber blickte ihn an mit Johannes
und sprach: Sieh uns an!
Und er sah sie an und wartete darauf,
dass er etwas von ihnen empfinge.
Petrus aber sprach: Silber und Gold habe ich nicht;
was ich aber habe, das gebe ich dir:
Im Namen Jesu Christi von Nazareth
steh auf und geh umher!

Und er ergriff ihn bei der rechten Hand und richtete ihn auf.
Sogleich wurden seine Füße und Knöchel fest,
er sprang auf, konnte stehen und gehen
und ging mit ihnen in den Tempel,
lief und sprang umher und lobte Gott.
Und es sah ihn alles Volk umhergehen und Gott loben.
Sie erkannten ihn auch, dass er es war,
der vor dem Schönen Tor des Tempels gesessen
und um Almosen gebettelt hatte;
und Verwunderung und Entsetzen erfüllte sie
über das, was ihm widerfahren war.

IMPULS: Gott kümmert sich um Kranke und Schwache. Das weiß der Mann, der seit seiner Geburt gelähmt ist. Die Menschen mögen sonst kaum auf ihn achten, doch wenn sie ihn vor dem Tempel sehen, geben ihm viele wie selbstverständlich Almosen. Sie wissen, dass sie nicht vor Gott treten können, wenn sie vorher am Gelähmten achtlos vorbeigegangen sind. Das Almosenwesen war in früheren Zeiten für alle Beteiligten von Interesse: Die Kranken konnten nicht arbeiten und brauchten Hilfe, um leben zu können. Aber auch die Gebenden profitierten davon, dass sie halfen. Sie taten ein gutes Werk. Direkt vor dem Tempel ergab das Sinn, den die Menschen betraten, um zu Gott zu beten. Vielleicht würde Gott das Gebet eines Almosengebers erhören.

Als Petrus und Johannes zur Gebetszeit den Tempel betreten, wird der gelähmte Mann gerade zum Tempel gebracht. Als er die beiden Apostel sieht, macht er, was er täglich tut: Er bittet um Hilfe. Sie sollen ihm ein Almosen geben. Petrus und Johannes bleiben stehen. Der kranke Mann rührt etwas in ihnen an. Sie wollen nicht einfach an ihm vorbeigehen. Petrus bittet ihn, sie anzusehen. Der Gelähmte hebt seinen Kopf an und blickt den beiden Männern in die Augen. Erst jetzt entsteht eine echte Begegnung. Der Mann erkennt das Mitleid er beiden und macht sich Hoffnung, von ihnen Geld zu empfangen. Doch Petrus sagt: „Silber und Gold habe ich nicht; was ich aber habe, das gebe ich dir." Und dann heilt er den Gelähmten im Namen Jesu.

Vermutlich wird der Mann zunächst enttäuscht gewesen sein. Die beiden haben sein Leid gesehen. Doch statt ihm mit Almosen zu helfen, reden sie bloß. Petrus und Johannes lassen es aber nicht beim Reden. Sie ergreifen seine Hand und richten ihn auf. Auf einmal kann der Mann stehen und dann auch noch gehen. Er ist geheilt, von seiner Lähmung befreit. Petrus und Johannes haben ihm mehr gegeben als ein Almosen. Von nun an muss er sich nicht mehr vor den Tempel setzen und betteln. Er darf als volles Mitglied der Gemeinde in den Tempel gehen und an der Anbetung Gottes teilhaben. Ein Zeichen, dass Gott nicht will, dass Kranke und Arme außerhalb bleiben. Sie gehören mitten hinein in unsere Gemeinden und Gottesdienste.

13. Sonntag nach Trinitatis

Lesung: Markus 3,31-35

Es kamen Jesu Mutter und seine Brüder
und standen draußen,
schickten zu ihm und ließen ihn rufen.
Und das Volk saß um ihn.
Und sie sprachen zu ihm:
Siehe, deine Mutter und deine Brüder
und deine Schwestern draußen fragen nach dir.
Und er antwortete ihnen und sprach:
Wer ist meine Mutter und meine Brüder?
Und er sah ringsum auf die, die um ihn im Kreise saßen,
und sprach: Siehe, das ist meine Mutter
und das sind meine Brüder!
Denn wer Gottes Willen tut,
der ist mein Bruder und meine Schwester
und meine Mutter.

IMPULS: Der christliche Glaube besitzt eine ethische Seite, die einleuchtet. Neben der Liebe zu Gott muss die Liebe zu den Mitmenschen stehen. Das hat Jesus auf einzigartige Weise vorgelebt. Er hat sich auch um schwierige Typen gekümmert, die religiösen und gesellschaftlichen Außenseiter. Seine Gegner warfen ihm vor, sich mit Zöllnern und Sündern an einen Tisch zu setzen. Er war ganz für die da, die seine Nähe suchten oder brauchten. Auch Blinde und Lahme, die zu ihm kamen, hat er geheilt. Niemanden hat Jesus ausgegrenzt. Am dreizehnten Sonntag nach Trinitatis geht es darum, dass Jesus uns damit zum Vorbild wird. Wer sich um die Kranken, die Hungernden, die Gefangenen, die Einsamen und die Außenstehenden kümmert, der tut damit etwas Gutes. Wo es uns gelingt, so zu handeln, folgen wir Jesus nach.

Wer den Willen Gottes tut, der gehört zu Jesus, als wäre er sein Bruder, seine Schwester oder seine Mutter. Wer sich um andere Menschen wie Jesus kümmert, der kommt ihm so nahe, als ob er Jesus selbst etwas Gutes täte. Das ist die Kernbotschaft des zentralen Satzes: „Wer Gottes Willen tut, der ist mein Bruder und meine Schwester und meine Mutter."

Im Markusevangelium bekommt dieser Satz durch die Voranstellung einer Szene, in der Jesu Familie nach ihm fragt, einen abgrenzenden Zug. Es wirkt, als ob sich Jesus damit von seiner Ursprungsfamilie distanzierte und als wollte er sich von ihnen befreien. Nach allem, was wir wissen, blieb aber der Kontakt mindestens zu seiner Mutter und vermutlich auch zu seinem Bruder Jakobus bis zu seinem Lebensende erhalten. Vielleicht ist der Satz weniger abgrenzend als öffnend gemeint. Jesus liebt alle Menschen, die den Willen Gottes tun, wie seine eigene Familie.

14. Sonntag nach Trinitatis

Lesung: 1. Buch Mose 28,10-19a(19b-22)

Jakob zog aus von Beerscheba
und machte sich auf den Weg nach Haran
und kam an eine Stätte, da blieb er über Nacht,
denn die Sonne war untergegangen.
Und er nahm einen Stein von der Stätte
und legte ihn zu seinen Häupten
und legte sich an der Stätte schlafen.
Und ihm träumte,
und siehe, eine Leiter stand auf Erden,
die rührte mit der Spitze an den Himmel,
und siehe, die Engel Gottes stiegen daran auf und nieder.
Und der Herr stand oben darauf und sprach:
Ich bin der Herr, der Gott deines Vaters Abraham,
und Isaaks Gott;
das Land, darauf du liegst,
will ich dir und deinen Nachkommen geben.
Und dein Geschlecht soll werden wie der Staub auf Erden,
und du sollst ausgebreitet werden
gegen Westen und Osten, Norden und Süden,
und durch dich und deine Nachkommen
sollen alle Geschlechter auf Erden gesegnet werden.
Und siehe, ich bin mit dir
und will dich behüten, wo du hinziehst,
und will dich wieder herbringen in dies Land.
Denn ich will dich nicht verlassen,
bis ich alles tue, was ich dir zugesagt habe.

Als nun Jakob von seinem Schlaf aufwachte, sprach er:
Fürwahr, der Herr ist an dieser Stätte,
und ich wusste es nicht!
Und er fürchtete sich und sprach:
Wie heilig ist diese Stätte!
Hier ist nichts anderes als Gottes Haus,
und hier ist die Pforte des Himmels.
Und Jakob stand früh am Morgen auf
und nahm den Stein,
den er zu seinen Häupten gelegt hatte,
und richtete ihn auf zu einem Steinmal
und goss Öl oben darauf
und nannte die Stätte Bethel.
[Vorher aber hieß die Stadt Lus.
Und Jakob tat ein Gelübde und sprach:
Wird Gott mit mir sein
und mich behüten auf dem Wege, den ich reise,
und mir Brot zu essen geben und Kleider anzuziehen
und mich mit Frieden wieder heim
zu meinem Vater bringen,
so soll der Herr mein Gott sein.
Und dieser Stein, den ich aufgerichtet habe
zu einem Steinmal,
soll ein Gotteshaus werden;
und von allem, was du mir gibst,
will ich dir den Zehnten geben.]

IMPULS: Wie kommen wir Gott nahe? Und wo können wir ihn finden? Das sind Fragen, die sich immer wieder auch Glaubende stellen. Besonders dann, wenn Gott ihnen gerade rätselhaft und fern erscheint. Denn Gott ist nicht immer nahe. Er lässt sich auch von den Seinen nicht immer finden. Gottes Gegenwart ist immer ein Geschenk, das sich von niemandem einklagen lässt. Häufig kommt Gott uns Menschen dann nahe, wenn wir ihn gar nicht suchen. Er überrascht uns gerade dann, wenn wir gar nicht mit ihm rechnen.

So ergeht es Jakob während seiner Flucht. Gerade hat er seine Heimat verlassen, was ihm nicht leichtfällt. Ihm fehlen die Menschen, die er liebt. Sein wütende Bruder Esau bedroht ihn. Jakob muss um sein Leben bangen. Und so macht er sich auf den Weg nach Haran, zu den Verwandten seiner Mutter. Jakob fühlt sich allein. Sein Vater ist gerade gestorben, und die Mutter kann ihn nicht beschützen. Weil Esau wütend ist und Jakob vorwirft, ihn um den Segen betrogen zu haben, den der Vater dem Erstgeborenen zusprechen wollte. Jetzt hat Jakob niemanden, der mit ihm geht und ihn begleitet. Er ist ganz auf sich gestellt.

Als die Sonne untergeht, legt sich Jakob an einer Stelle nieder, die für ihn noch eine beliebiger Ort ist. Doch genau hier begegnet Jakob Gott. Gott ist ihm trotz aller Einsamkeit nahe. Viel näher, als Jakob eben noch dachte. Das zeigt sich mitten in der Nacht, als Jakob von einer Leiter träumt, die bis in den Himmel reicht. Engel steigen daran auf und nieder. Und ganz oben steht Gott. Es ist, als ob sich Jakob der Eingang zum Himmel öffnete. Und Gott segnet Jakob. Er knüpft an den Segen an, den Isaak ihm am Totenbett zugesagt hatte. Gott verheißt ihm eine große Nachkommenschaft. Und er verspricht ihm, ihn in das Land zurückzuführen. Ihm und seinen Nachkommen soll das Land gehören, auf dem er gerade liegt. Und schließlich verspricht Gott Jakob, bei ihm zu sein, wohin er auch geht. Dieser Segen ist gerade jetzt für Jakob wichtig. Mitten auf der Flucht eröffnet Gott ihm eine Zukunft, die viel weiter reicht als das, was Jakob gerade sucht und in Haran finden kann. Vielleicht können wir Glaubenden uns an Jakob orientieren und uns wie er öffnen für Gottes Gegenwart. Gott ist auch uns viel näher als wir es spüren können – gerade dann, wenn der Lebensweg schwer wird.

15. Sonntag nach Trinitatis

Lesung: 1. Petrusbrief 5,5-11

Alle miteinander bekleidet euch mit Demut;
denn Gott widersteht den Hochmütigen,
aber den Demütigen gibt er Gnade.
So demütigt euch nun unter die gewaltige Hand Gottes,
damit er euch erhöhe zu seiner Zeit.
Alle eure Sorge werft auf ihn; denn er sorgt für euch.
Seid nüchtern und wacht;
denn euer Widersacher, der Teufel, geht umher
wie ein brüllender Löwe und sucht, wen er verschlinge.
Dem widersteht, fest im Glauben,
und wisst, dass ebendieselben Leiden
über eure Brüder und Schwestern in der Welt kommen.
Der Gott aller Gnade aber, der euch berufen hat
zu seiner ewigen Herrlichkeit in Christus,
der wird euch, die ihr eine kleine Zeit leidet,
aufrichten, stärken, kräftigen, gründen.
Ihm sei die Macht in alle Ewigkeit! Amen.

IMPULS: Tägliches Sorgen belastet, manchmal so sehr, dass das ganze Leben kaum mehr farbig, sondern nur noch in Grautönen erscheint. Sorgen nehmen dann überhand und lähmen die Tatkraft. Sorgen sind wie ein negatives Vorzeichen, das alles Dahinterliegende nur noch öde und trist erscheinen lässt. Es ist sinnvoll, Sorgen nüchtern und wachsam zu betrachten. Dann verlieren sie ihre Wucht und Größe. Sie werden dann übersichtlicher und wecken weniger Angst. Am besten aber ist es, die Sorge Gott zu sagen. Sie auf ihn zu werfen, wie der Schreiber des ersten Petrusbriefes fordert. Bei Gott sind Sorgen nämlich gut aufgehoben. Er ist es schließlich, der für uns sorgt. Es ist gut, wenn es uns gelingt, uns darauf zu verlassen. Gerade auch in schweren Zeiten.

Doch wenn wir die Welt genau betrachten, finden wir gute Gründe für Sorgen. Auch im ersten Petrusbrief wird deutlich, dass es im Leben immer wieder Widerstände gibt, die wie brüllende Löwen erscheinen. Sie wollen die Menschen erschrecken und ihnen Angst machen. Wir sehen diese Widerstände gerne in Menschen, die uns im Weg sind. Doch die Welt ist zu kompliziert, als dass man auf Einzelne zeigen könnte.

Die Konfliktherde nehmen gegenwärtig zu und Kriege brechen aus. Die Sorglosigkeit, hinter der sich viele nach dem Ende des Kalten Krieges in Westeuropa versteckt haben, hat sich von einem Tag auf den anderen als Fehleinschätzung erwiesen. Inzwischen leben wir in getrennten Welten. Ein neuer Kalter Krieg hat die Welt fast wieder im Griff. Sie ist nicht mehr so übersichtlich in West und Ost geteilt wie früher. Alles ist komplexer und unübersichtlicher geworden. Darüber hinaus gibt es sehr unterschiedliche Politikverständnisse zwischen Nordwest und dem globalen Süden. Es ist gut, diese politischen Veränderungen nüchtern in den Blick zu nehmen und mit Krisen zu rechnen. So können wir uns im Vorfeld darauf vorbereiten, was zu tun ist, wenn sich die Lage zuspitzt. Doch gleichzeitig ist es wichtig, darauf zu vertrauen, dass die Macht in dieser Welt nicht das Wichtigste ist. Wir Christen hoffen, dass Gott uns auch in Krisen nicht allein lässt und dass er am Ende sein Friedensreich durchsetzt.

16. Sonntag nach Trinitatis

Lesung: Johannes 11,1[2]3.17-27[28-38a]38b-45

Es lag einer krank, Lazarus aus Betanien,
dem Dorf Marias und ihrer Schwester Marta.
[Maria aber war es, die den Herrn mit Salböl gesalbt
und seine Füße mit ihrem Haar getrocknet hatte.
Deren Bruder Lazarus war krank.]
Da sandten die Schwestern zu Jesus
und ließen ihm sagen:
Herr, siehe, der, den du lieb hast, liegt krank.
Da kam Jesus und fand Lazarus
schon vier Tage im Grabe liegen.
Betanien aber war nahe bei Jerusalem,
etwa fünfzehn Stadien entfernt.
Viele Juden aber waren zu Marta und Maria gekommen,
sie zu trösten wegen ihres Bruders.
Als Marta nun hörte, dass Jesus kommt,
ging sie ihm entgegen;
Maria aber blieb im Haus sitzen.
Da sprach Marta zu Jesus:
Herr, wärst du hier gewesen,
mein Bruder wäre nicht gestorben.
Aber auch jetzt weiß ich:
Was du bittest von Gott, das wird dir Gott geben.
Jesus spricht zu ihr: Dein Bruder wird auferstehen.
Marta spricht zu ihm: Ich weiß, dass er auferstehen wird
bei der Auferstehung am Jüngsten Tage.

Jesus spricht zu ihr: Ich bin die Auferstehung und das Leben.
Wer an mich glaubt, der wird leben, ob er gleich stürbe;
und wer da lebt und glaubt an mich,
der wird nimmermehr sterben.
Glaubst du das?
Sie spricht zu ihm:
Ja, Herr, ich glaube, dass du der Christus bist,
der Sohn Gottes, der in die Welt kommt.
[Und als sie das gesagt hatte,
ging sie hin und rief ihre Schwester Maria
und sprach heimlich zu ihr:
Der Meister ist da und ruft dich.
Als Maria das hörte, stand sie eilends auf und kam zu ihm.
Jesus aber war noch nicht in das Dorf gekommen,
sondern war noch dort, wo ihm Marta begegnet war.
Als die Juden, die bei ihr im Hause waren und sie trösteten,
sahen, dass Maria eilends aufstand und hinausging,
folgten sie ihr, weil sie dachten:
Sie geht zum Grab, um dort zu weinen.
Als nun Maria dahin kam, wo Jesus war, und sah ihn,
fiel sie ihm zu Füßen
und sprach zu ihm: Herr, wärst du hier gewesen,
mein Bruder wäre nicht gestorben.
Als Jesus sah, wie sie weinte
und wie auch die Juden weinten, die mit ihr kamen,
ergrimmte er im Geist und erbebte
und sprach: Wo habt ihr ihn hingelegt?

Sie sprachen zu ihm: Herr, komm und sieh!
Und Jesus gingen die Augen über.
Da sprachen die Juden: Siehe, wie hat er ihn so lieb gehabt!
Einige aber unter ihnen sprachen:
Er hat dem Blinden die Augen aufgetan;
konnte er nicht auch machen,
dass dieser nicht sterben musste?
Da ergrimmte Jesus abermals und kommt zum Grab.]
Es war aber eine Höhle, und ein Stein lag davor.
Jesus spricht: Hebt den Stein weg!
Spricht zu ihm Marta, die Schwester des Verstorbenen:
Herr, er stinkt schon; denn er liegt seit vier Tagen.
Jesus spricht zu ihr: Habe ich dir nicht gesagt:
Wenn du glaubst, wirst du die Herrlichkeit Gottes sehen?
Da hoben sie den Stein weg.
Jesus aber hob seine Augen auf
und sprach: Vater, ich danke dir, dass du mich erhört hast.
Ich wusste, dass du mich allezeit hörst;
aber um des Volkes willen, das umhersteht, sagte ich's,
damit sie glauben, dass du mich gesandt hast.
Als er das gesagt hatte, rief er mit lauter Stimme:
Lazarus, komm heraus!
Und der Verstorbene kam heraus,
gebunden mit Grabtüchern an Füßen und Händen,
und sein Gesicht war verhüllt mit einem Schweißtuch.
Jesus spricht zu ihnen:
Löst die Binden und lasst ihn gehen!
Viele nun von den Juden, die zu Maria gekommen waren
und sahen, was Jesus tat, glaubten an ihn.

IMPULS: Wo Jesus bloß bleibt, werden Maria und Marta gedacht haben, als ihr Bruder Lazarus krank war und immer kränker wurde. Natürlich hatten sie auf Jesus gehofft und ihn rufen lassen. Und klar hatten sie damit gerechnet, dass er sie in ihrer Not nicht alleinlässt. Er lässt sich doch rufen, um Lazarus zu heilen. Doch Jesus kommt nicht, zumindest nicht rechtzeitig, obwohl er doch mit Lazarus, Maria und Marta befreundet ist. Am Ende geht es Lazarus schlechter und schlechter. Am Ende stirbt er und muss begraben werden.

Dann ist Jesus da. Doch Lazarus ist schon seit vier Tagen tot. Und seine Schwestern sind darüber endlos traurig und müssen getröstet werden. Es ist, als ob Jesus einer von den vielen wäre, die die beiden Schwestern mit guten Worten trösten. Aber warum war er nicht früher gekommen? Diese Frage steht im Raum, als Jesus endlich da ist – eine berechtigte Frage. Hätte er nicht helfen müssen, als sein Freund Lazarus noch lebte? Jesus hat doch Fremde geheilt. Warum lässt er einen guten Freund im Stich? Doch dann wendet sich die Erzählung. Jesus lässt – gegen den Widerstand von Martha – das Grab öffnen. Und ruft Lazarus zurück ins Leben. Und Lazarus lässt sich von Jesus zum Leben rufen und verlässt das Grab.

Ein halbes Sonnenjahr nach Ostern kommt das Thema Auferstehung im Kirchenjahr wieder in den Blick. Dass der Tod nicht das Ende ist, ist eine zentrale Hoffnung des Glaubens. Diese Hoffnung gilt das ganze Jahr hindurch – nicht nur im Frühjahr, wo das Wiedererwachen der Natur den Glauben an die Auferstehung stützt, sondern auch im beginnenden Herbst, der Zeit der Ernte und der fallenden Blätter. Es tut gut, 24 Wochen nach Ostern daran erinnert zu werden, dass Gott mächtiger ist als die Todesmächte und dass er uns auferwecken kann, nachdem wir gestorben sind – nicht so wie in der Erzählung von Lazarus, der in sein bisheriges Leben zurückkehrt, sondern auf eine ganz andere, geheimnisvolle Weise, von der wir heute nur in Bildern sprechen können. Doch an Lazarus zeigt sich, dass Gott sich dem Leben verpflichtet und uns Menschen über die Grenze des Todes in seiner Hand hält.

17. Sonntag nach Trinitatis

Lesung: Josua 2,1-21
Josua, der Sohn Nuns, sandte von Schittim
zwei Männer heimlich als Kundschafter aus
und sagte ihnen: Geht hin, seht das Land an, auch Jericho.
Die gingen hin und kamen in das Haus einer Hure,
die hieß Rahab, und kehrten dort ein.
Da wurde dem König von Jericho angesagt:
Siehe, es sind in dieser Nacht
Männer von den Israeliten hereingekommen,
um das Land zu erkunden.
Da sandte der König von Jericho zu Rahab
und ließ ihr sagen:
Gib die Männer heraus,
die zu dir in dein Haus gekommen sind;
denn sie sind gekommen,
um das ganze Land zu erkunden.
Aber die Frau nahm die beiden Männer und verbarg sie.
Und sie sprach:
Ja, es sind Männer zu mir hereingekommen,
aber ich wusste nicht, woher sie waren.
Und als man das Stadttor schließen wollte,
da es finster wurde, gingen die Männer hinaus,
und ich weiß nicht, wo sie hingegangen sind.
Jagt ihnen eilends nach, dann werdet ihr sie ergreifen.
Sie aber hatte sie auf das Dach steigen lassen
und unter den Flachsstängeln versteckt,
die sie auf dem Dach ausgebreitet hatte.
Die Verfolger aber jagten ihnen nach
auf dem Wege zum Jordan bis an die Furten,
und man schloss das Tor zu, als sie draußen waren.

Und ehe die Männer sich schlafen legten, stieg Rahab
zu ihnen hinauf auf das Dach und sprach zu ihnen:
Ich weiß, dass der Herr euch das Land gegeben hat;
denn ein Schrecken vor euch ist über uns gefallen,
und alle Bewohner des Landes
sind vor euch feige geworden.
Denn wir haben gehört, wie der Herr das Wasser
im Schilfmeer ausgetrocknet hat vor euch her,
als ihr aus Ägypten zogt,
und was ihr den beiden Königen der Amoriter,
Sihon und Og, jenseits des Jordans getan habt,
wie ihr an ihnen den Bann vollstreckt habt.
Und seitdem wir das gehört haben, ist unser Herz verzagt
und es wagt keiner mehr, vor euch zu atmen;
denn der Herr, euer Gott, ist Gott oben im Himmel
und unten auf Erden.
So schwört mir nun bei dem Herrn,
weil ich an euch Barmherzigkeit getan habe,
dass auch ihr an meines Vaters Hause Barmherzigkeit tut,
und gebt mir ein sicheres Zeichen, dass ihr leben lasst
meinen Vater, meine Mutter,
meine Brüder und meine Schwestern
und alles, was sie haben,
und uns vom Tode errettet.
Die Männer sprachen zu ihr:
Tun wir nicht Barmherzigkeit und Treue an dir,
wenn uns der Herr das Land gibt,
so wollen wir selbst des Todes sein,
sofern du unsere Sache nicht verrätst.

Da ließ Rahab sie an einem Seil durchs Fenster hinab;
denn ihr Haus war an der Stadtmauer,
und sie wohnte an der Mauer.
Und sie sprach zu ihnen: Geht auf das Gebirge,
dass eure Verfolger euch nicht begegnen,
und verbergt euch dort drei Tage,
bis zurückkommen, die euch nachjagen;
danach geht eures Weges.
Die Männer aber sprachen zu ihr:
So wollen wir den Eid einlösen,
den du uns hast schwören lassen:
Wenn wir ins Land kommen,
so sollst du dies rote Seil in das Fenster knüpfen,
durch das du uns herabgelassen hast,
und zu dir ins Haus versammeln
deinen Vater, deine Mutter, deine Brüder
und deines Vaters ganzes Haus.
So soll es sein: Wer zur Tür deines Hauses herausgeht,
dessen Blut komme über sein Haupt,
aber wir seien unschuldig;
doch das Blut aller, die in deinem Hause bleiben,
soll über unser Haupt kommen,
wenn Hand an sie gelegt wird.
Und wenn du etwas von dieser unserer Sache verrätst,
so sind wir frei von dem Eid,
den du uns hast schwören lassen.
Sie sprach: Es sei, wie ihr sagt!, und ließ sie gehen.
Und sie gingen weg.
Und sie knüpfte das rote Seil ins Fenster.

IMPULS: Eine spannende, geradezu filmreife Geschichte rund um die Hure Rahab und die israelitischen Kundschafter wird hier erzählt. Eine der seltenen biblischen Geschichten, in der eine Frau zur Heldin wird. Die Erzählung beginnt damit, dass zwei Männer das schwer einnehmbare Jericho auskundschaften. Die Stadt legt sich wie eine Sperre vor das Land, das die Israeliten bald nach Gottes Plan einnehmen sollen. Innerhalb der Erzählung ist deutlich geworden, dass der gegenseitige Respekt groß ist. Sowohl die Bewohnerinnen und Bewohner der Stadt haben Angst vor Israel, aber auch umgekehrt fürchten sich die Israeliten vor Jerichos Stärke.

Die beiden Männer, die Jericho auskundschaften, werden entdeckt und von den Soldaten des Regenten fast gestellt. Dass sie nicht gefangengenommen werden, verdanken sie Rahab. Sie lügt die Soldaten von vorne bis hinten an und rettet auf diese Weise die beiden Israeliten. Wie es geschickte Lügner bis heute tun, mischt sie Wahres mit Falschem. Sie gibt zu, dass die beiden Männer in ihrem Haus waren. Doch alles Weitere, was sie sagt, ist blanke Lüge. So behauptet Rahab, sie hätte nicht gewusst, wer die Männer sind und woher sie kommen. Sie erzählt, dass sie vor Toresschluss die Stadt verlassen hätten. Zum Schluss fordert sie die Soldaten auf, ihnen so schnell wie möglich nachzujagen, um sie noch rechtzeitig zu stellen.

Rahab verhält sich wie eine gute orientalische Gastgeberin. Sie steht klar auf der Seite ihrer Gäste. Sie versteckt die Männer und hilft ihnen später, die Stadt zu verlassen. Zuvor aber zeigt sie Respekt vor dem Gott Israels, der nicht nur im Himmel wohnt, sondern auch auf Erden seinen Willen durchsetzt. Und sie fordert ein Zeichen der Rettung. Durch das Zeichen werden sie und alle, die in ihrem Haus sind, beim Angriff der Israeliten gerettet werden.

Die Geschichte der Hure Rahab zeigt, dass Gott alle Menschen annimmt, wie sie sind. Selbst Außenseiter und Randsiedler sind ihm willkommen. Rahabs Name taucht Jahrhunderte später dreimal im Neuen Testament auf. Im Matthäusevangelium sogar an einer ganz zentralen Stelle: Sie gehört zu den wenigen Frauen im Stammbaum Jesu. Die Außenseiterin passt dort wunderbar hinein. Denn auch Jesus stellte sich in seinem Leben häufig auf die Seite der Unterdrückten und Randsiedler.

18. Sonntag nach Trinitatis

Lesung: Jakobusbrief 2,14-26

Was hilft's, Brüder und Schwestern,
wenn jemand sagt, er habe Glauben,
und hat doch keine Werke?
Kann denn der Glaube ihn selig machen?
Wenn ein Bruder oder eine Schwester nackt ist
und Mangel hat an täglicher Nahrung
und jemand unter euch spricht zu ihnen:
Geht hin in Frieden, wärmt euch und sättigt euch!,
ihr gebt ihnen aber nicht, was der Leib nötig hat –
was hilft ihnen das?
So ist auch der Glaube, wenn er nicht Werke hat,
tot in sich selber.
Aber es könnte jemand sagen:
Du hast Glauben, und ich habe Werke.
Zeige mir deinen Glauben ohne die Werke,
so will ich dir meinen Glauben zeigen aus meinen Werken.
Du glaubst, dass nur einer Gott ist?
Du tust recht daran;
die Teufel glauben's auch und zittern.
Willst du nun einsehen, du törichter Mensch,
dass der Glaube ohne Werke nutzlos ist?

Ist nicht Abraham, unser Vater,
durch Werke gerecht geworden,
als er seinen Sohn Isaak auf dem Altar opferte?
Da siehst du, dass der Glaube
zusammengewirkt hat mit seinen Werken,
und durch die Werke
ist der Glaube vollkommen geworden.
So ist die Schrift erfüllt, die da spricht:
„Abraham hat Gott geglaubt
und das ist ihm zur Gerechtigkeit gerechnet worden“ (1. Mose 15,6),
und er wurde „ein Freund Gottes“ genannt (Jesaja 41,8).
So seht ihr nun, dass der Mensch durch Werke gerecht wird,
nicht durch Glauben allein.
Desgleichen die Hure Rahab:
Ist sie nicht durch Werke gerecht geworden,
als sie die Boten aufnahm
und sie auf einem andern Weg hinausließ?
Denn wie der Leib ohne Geist tot ist,
so ist auch der Glaube ohne Werke tot.

IMPULS: Wie gestalten wir Christen unser Leben? Wie können wir versuchen, den Willen Gottes zu ergründen und ihm möglichst konkret zu folgen? Es ist klar, dass es beim christlichen Glauben zunächst darum geht, Gott zu ehren und ihn zu lieben. Die Liebe zu Gott ist die Grundlage der christlichen Lebenskunst. Aber schon die Zehn Gebote bestehen aus zwei Tafeln. Die erste fordert uns auf, Gott zu ehren. Auf der zweiten wird es dann ganz praktisch. Hier kommt das Zusammenleben zwischen uns Menschen in den Blick.

Wer die christliche Lebenskunst ernst nimmt, kann nicht nur einer der beiden Tafeln folgen und die andere beiseitelegen. Die Liebe zu Gott muss ergänzt werden um die Liebe zu den Brüdern und Schwestern. Dabei ist es oft schon schwer genug, Gott zu lieben. Doch wenn die Liebe konkret wird, wird es noch schwerer. Denn zu den Brüdern und Schwestern gehören nicht nur die, die wir selbstverständlich lieben können, sondern auch die, mit denen es schwer ist.

Als Beispiel für den Glauben steht Jakobus Abraham vor Augen. Weil er nicht nur an Gott glaubte, sondern auch bereit war, seinen Sohn Isaak hinzugeben. Darum ist Abraham für Jakobus ein positives Beispiel, dass der Glaube durch Werke ergänzt werden muss. Auch Paulus beruft sich auf Abraham. Allerdings zieht er ihn als Beispiel dafür heran, dass allein der Glauben zählt und es vor Gott nicht darauf ankommt, dass wir Werke vollbringen. Was zunächst wie ein Gegensatz klingt, ergänzt sich gut, wenn wir bedenken, dass Paulus und Jakobus unter dem Begriff der Werke etwas sehr Unterschiedliches verstehen. Paulus lehnt Werke aus theologischen Gründen ab: Sie taugen nicht dafür, einen Zugang zu Gottes Heil zu erwirken. Wer an Gott glaubt, handelt aus seiner Sicht geradezu automatisch richtig. Bei Jakobus geht es um ganz praktische Fragen. Es kann nicht sein, dass wir Christen armen Menschen mit den Worten „geht hin in Frieden“ Gottes Segen zusprechen und sie dann mit ihrer Not alleinlassen. Das hilft ihnen nicht. Und wäre letztlich zynisch. Zur christlichen Lebenskunst gehört immer beides: die Liebe zu Gott und die Liebe zu den Menschen.

Erntedank

Lesung: Jesaja 58,7-12

Brich dem Hungrigen dein Brot,
und die im Elend ohne Obdach sind, führe ins Haus!
Wenn du einen nackt siehst, so kleide ihn,
und entzieh dich nicht deinem Fleisch und Blut!
Dann wird dein Licht hervorbrechen wie die Morgenröte,
und deine Heilung wird schnell voranschreiten,
und deine Gerechtigkeit wird vor dir hergehen,
und die Herrlichkeit des Herrn
wird deinen Zug beschließen.
Dann wirst du rufen und der Herr wird dir antworten.
Wenn du schreist, wird er sagen: Siehe, hier bin ich.
Wenn du in deiner Mitte niemand unterjochst
und nicht mit Fingern zeigst und nicht übel redest,
sondern den Hungrigen dein Herz finden lässt
und den Elenden sättigst,
dann wird dein Licht in der Finsternis aufgehen,
und dein Dunkel wird sein wie der Mittag.
Und der Herr wird dich immerdar führen
und dich sättigen in der Dürre und dein Gebein stärken.
Und du wirst sein wie ein bewässerter Garten
und wie eine Wasserquelle, der es nie an Wasser fehlt.
Und es soll durch dich wieder aufgebaut werden,
was lange wüst gelegen hat,
und du wirst wieder aufrichten,
was vorzeiten gegründet ward;
und du sollst heißen:
„Der die Lücken zumauert und die Wege ausbessert,
dass man da wohnen könne."

IMPULS: Am Erntedanktag geht es zunächst darum, Gott für die landwirtschaftlichen Erträge zu danken, die er uns Tag für Tag schenkt. Aber darüber hinaus danken wir ihm für alles, was er uns gelingen lässt. Denn dass unsere Arbeit einen guten Ertrag bringt, ist alles andere als selbstverständlich. Damit sie gelingt und ankommt, braucht es Gottes Segen. Darum danken wir nicht allein für die Ernte auf den Feldern. Wir danken Gott an diesem Tag für alles, was er schenkt.

An den Früchten des Feldes wird Gottes Handeln anschaulich: Neben der Pflege des Ackerbodens und dem Sähen des Korns und der weiteren Betreuung braucht es noch wichtige weitere Einflüsse, damit im Herbst die Ernte eingefahren werden kann: sowohl Sonne als auch Regen. Und möglichst von beidem nicht zu viel und nicht zu wenig.

Nach dem Dank an Gott kommen am Erntedanktag dann aber auch die Menschen in den Blick, die hungern müssen. Wir können Gott für die Ernte nicht danken, ohne an die 700 bis 800 Millionen Menschen zu denken, die nur wenig davon haben und Tag für Tag hungern müssen.

Die weltweite Gerechtigkeit liegt in weiter Ferne. Wir wissen in Mitteleuropa, dass unser Reichtum eine bittere Kehrseite besitzt und zur Armut in anderen Ländern und Kontinenten beiträgt. Dieses Ungleichgewicht wird sich durch die Klimakrise in den nächsten Jahrzehnten vermutlich noch verstärken, die vor allem durch die Industrien und die Lebensstile in den reichen Ländern verursacht ist. Doch als Einzelne stehen wir meist hilflos vor diesen weltpolitischen Problemen. Immer wieder stellt sich die Frage, was wir tun können, um zur weltweiten Gerechtigkeit beizutragen. Natürlich sind Spenden an Hilfsorganisationen eine Möglichkeit und ein nachhaltiger Lebensstil. Aber die Schritte selbst vieler Leute reichen nicht. Es braucht vor allem politische Entscheidungen, die die Vision des Propheten Jesaja weltweit umsetzen: „Brich dem Hungrigen dein Brot, und die im Elend ohne Obdach sind, führe ins Haus! Wenn du einen nackt siehst, so kleide ihn, und entzieh dich nicht deinem Fleisch und Blut!“

19. Sonntag nach Trinitatis

Lesung: Johannes 5,1-16

Es war ein Fest der Juden,
und Jesus zog hinauf nach Jerusalem.
Es ist aber in Jerusalem beim Schaftor ein Teich,
der heißt auf Hebräisch Betesda.
Dort sind fünf Hallen;
in denen lagen viele Kranke, Blinde, Lahme, Ausgezehrte.
Es war aber dort ein Mensch,
der war seit achtunddreißig Jahren krank.
Als Jesus ihn liegen sah
und vernahm, dass er schon so lange krank war,
spricht er zu ihm: Willst du gesund werden?
Der Kranke antwortete ihm:
Herr, ich habe keinen Menschen,
der mich in den Teich bringt,
wenn das Wasser sich bewegt;
wenn ich aber hinkomme,
so steigt ein anderer vor mir hinein.
Jesus spricht zu ihm: Steh auf, nimm dein Bett und geh hin!
Und sogleich wurde der Mensch gesund
und nahm sein Bett und ging hin.
Es war aber Sabbat an diesem Tag.
Da sprachen die Juden zu dem, der geheilt worden war:
Heute ist Sabbat,
es ist dir nicht erlaubt, dein Bett zu tragen.

Er aber antwortete ihnen:
Der mich gesund gemacht hat,
sprach zu mir: Nimm dein Bett und geh hin!
Sie fragten ihn: Wer ist der Mensch, der zu dir gesagt hat:
Nimm dein Bett und geh hin?
Der aber geheilt worden war, wusste nicht, wer es war;
denn Jesus war fortgegangen,
da so viel Volk an dem Ort war.
Danach fand ihn Jesus im Tempel und sprach zu ihm:
Siehe, du bist gesund geworden;
sündige nicht mehr,
dass dir nicht etwas Schlimmeres widerfahre.
Der Mensch ging hin und berichtete den Juden,
es sei Jesus, der ihn gesund gemacht habe.
Darum verfolgten die Juden Jesus,
weil er dies am Sabbat getan hatte.

IMPULS: Gesundheit ist ein wichtiges Gut. Wie gut, dass dieses Thema am 19. Sonntag nach Trinitatis im Mittelpunkt steht. Doch wer ist eigentlich gesund und wer ist krank? Diese Frage stellt sich bei der Szene am Teich Betesda. Jesus fragt dort einen Kranken, ob er überhaupt gesund werden will. Auf den ersten Blick eine unnötige, geradezu überflüssige Frage. Der Mann hält sich dort seit 38 Jahren in der Hoffnung auf, geheilt zu werden. Er liegt mit anderen Kranken in einer der fünf den Teich umgebenden Säulenhallen und hofft auf ein Wunder, das viele mit dem Teich Betesda verbinden: Sobald sich das Wasser bewegt, soll der Erste gesund werden, der anschließend ins Wasser steigt. Doch auf den zweiten Blick ist Jesu Frage durchaus berechtigt. Vielleicht sucht der Mann, der niemanden hat, der sich um ihn kümmert, nicht in erster Linie Gesundheit, sondern Zuwendung. Er klagt Jesus, dass er keinen Menschen hat, der sich um ihn kümmert.

Nach der Verfassung der Weltgesundheitsorganisation ist Gesundheit „ein Zustand des vollständigen körperlichen, geistigen und sozialen Wohlergehens“. Gesundheit ist also mehr als „das Fehlen von Krankheit oder Gebrechen.“ Doch dieser vollumfängliche Gesundheitsbegriff scheint höher zu sein, als die Realität einlösen kann. Und zwar sowohl lebensgeschichtlich als auch weltweit. Ein solches körperliches, geistiges und soziales Wohlergehen besitzt kein Mensch zu keinem Zeitpunkt. Außerdem gibt es viele Menschen, die trotz gesundheitlicher Einschränkungen glücklich sind. In der Regel treten ab dem 60. oder 70. Lebensjahr gesundheitliche Einschränkungen auf. Es kommt dann darauf an, damit sinnvoll umzugehen und sich davon nicht zu sehr einschränken zu lassen. Dann können wir uns trotz mancher Symptome durchaus als gesund verstehen – fast wie der Kranke vom Teich Betesda, der von Jesus geheilt wird. Und der dann am Ende aufsteht und mit der zusammengefalteten Matte weggeht.

20. Sonntag nach Trinitatis

Lesung: 1. Buch Mose 8,18-22;9,12-17

Noah ging heraus aus der Arche mit seinen Söhnen
und mit seiner Frau und den Frauen seiner Söhne,
dazu alles wilde Getier, alles Vieh, alle Vögel
und alles Gewürm, das auf Erden kriecht;
das ging aus der Arche, ein jedes mit seinesgleichen.
Noah aber baute dem Herrn einen Altar
und nahm von allem reinen Vieh
und von allen reinen Vögeln
und opferte Brandopfer auf dem Altar.
Und der Herr roch den lieblichen Geruch
und sprach in seinem Herzen:
Ich will hinfort nicht mehr die Erde verfluchen
um der Menschen willen;
denn das Dichten und Trachten
des menschlichen Herzens
ist böse von Jugend auf.
Und ich will hinfort nicht mehr schlagen
alles, was da lebt, wie ich getan habe.
Solange die Erde steht,
soll nicht aufhören Saat und Ernte, Frost und Hitze,
Sommer und Winter, Tag und Nacht.

Und Gott sprach:
Das ist das Zeichen des Bundes,
den ich geschlossen habe zwischen mir und euch
und allem lebendigen Getier bei euch auf ewig:
Meinen Bogen habe ich gesetzt in die Wolken;
der soll das Zeichen sein des Bundes
zwischen mir und der Erde.
Und wenn es kommt,
dass ich Wetterwolken über die Erde führe,
so soll man meinen Bogen sehen in den Wolken.
Als dann will ich gedenken an meinen Bund zwischen mir und euch
und allem lebendigen Getier unter allem Fleisch,
dass hinfort keine Sintflut mehr komme,
die alles Fleisch verderbe.
Darum soll mein Bogen in den Wolken sein,
dass ich ihn ansehe und gedenke an den ewigen Bund
zwischen Gott und allem lebendigen Getier
unter allem Fleisch, das auf Erden ist.
Und Gott sagte zu Noah: Das sei das Zeichen des Bundes,
den ich aufgerichtet habe zwischen mir
und allem Fleisch auf Erden.

IMPULS: Die Geschichte von der Arche Noah gehört zu den ganz großen Erzählungen der Menschheit. Wie hier Menschen und Tiere vor der großen Flut gerettet werden, die die ganze Erde bedeckte, ist eine geradezu archetypische Erzählung. Am Ende hilft Gott. Er beendet das Hochwasser und hilft Menschen und Tieren, die Gefahr zu überstehen.

Alle, die in der Arche unterkamen, können wieder zurückkehren auf die nun wieder trockene Erde. Gott hat sie auf wundersame Weise gerettet. Am Ende verspricht Gott, dass es so eine Flut nie wieder geben wird: „Solange die Erde steht, soll nicht aufhören Saat und Ernte, Frost und Hitze, Sommer und Winter, Tag und Nacht."

Nach der Rettung schließt Gott einen Bund und schenkt den Menschen als Zeichen seiner Gnade den Regenbogen, der Himmel und Erde verbindet. Dieses Zeichen ist von nun an immer da, wenn Sonne und Regen zusammenkommen. Gott will sich selbst durch diesen Bogen ewig an sein Versprechen erinnern.

Können wir dieser Zusage Gottes heute glauben? In einer Zeit, die vom Klimawandel geprägt ist und in der manche Gegenden mehr und mehr überflutet werden? Fast wie in der Erzählung von der Arche Noah? Anders als damals ist die aktuelle Not menschengemacht. Und die Gefahr, dass sich die Menschheit selbst zugrunde richtet, scheint so real wie nie.

Doch gerade deshalb klingt die Erzählung von der Arche hochgradig aktuell. Auch wenn die Erde bedroht ist, hält Gott sie doch in seiner Hand. Warum soll heute sein Versprechen nicht mehr gelten, dass die Erde bestehen bleibt? Trotz der rücksichtslosen Ausbeutung, trotz des Klimawandels bleibt die Hoffnung, dass Gott die Erde am Ende rettet. Allerdings wäre es eine falsche Theologie, Gottes Rettung und menschliche Verantwortung gegeneinander auszuspielen. Wir müssen alles Menschenmögliche tun, um den Klimawandel zu begrenzen. Und gleichzeitig müssen wir Gott in unseren Gebeten an sein Versprechen erinnern, dass auf der Erde niemals der Wechsel von Saat und Ernte, Frost und Hitze, Sommer und Winter aufhören soll.

21. Sonntag nach Trinitatis

Lesung: Epheserbrief 6,10-17

Seid stark in dem Herrn und in der Macht seiner Stärke.
Zieht an die Waffenrüstung Gottes,
damit ihr bestehen könnt
gegen die listigen Anschläge des Teufels.
Denn wir haben nicht mit Fleisch und Blut zu kämpfen,
sondern mit Mächtigen und Gewaltigen,
mit den Herren der Welt,
die über diese Finsternis herrschen,
mit den bösen Geistern unter dem Himmel.
Deshalb ergreift die Waffenrüstung Gottes,
damit ihr an dem bösen Tag Widerstand leisten
und alles überwinden und das Feld behalten könnt.
So steht nun fest, umgürtet an euren Lenden mit Wahrheit
und angetan mit dem Panzer der Gerechtigkeit
und beschuht an den Füßen,
bereit für das Evangelium des Friedens.
Vor allen Dingen aber ergreift den Schild des Glaubens,
mit dem ihr auslöschen könnt
alle feurigen Pfeile des Bösen,
und nehmt den Helm des Heils
und das Schwert des Geistes,
welches ist das Wort Gottes.

IMPULS: Gerade scheint die Welt wie aus den Fugen geraten. Immer mehr Kriege und Konflikte belasten die Menschheit. Die Weltlage ist geradezu unübersichtlich geworden und verschiebt sich so rasant, dass viele kaum hinterherkommen. Es ist eine Welt, in der Propaganda und Falschaussagen zur Tagesordnung gehören. Aufrichtigkeit und Wahrheit dagegen scheinen immer unwichtiger zu werden. Soziologen nennen diese Zeit das postfaktische Zeitalter. Fakten spielen seit einigen Jahren kaum noch eine Rolle in der Politik oder in der Gesellschaft. Es scheint bloß noch darauf anzukommen, Emotionen zu entfachen. Nachrichten, die Wut und Enttäuschung oder Applaus und Jubel hervorrufen, sind erfolgreicher als solche, die einfach wahr sind. Das digitale Zeitalter lässt vor allem diejenigen erfolgreich erscheinen, die auf unseriöse Weise um Aufmerksamkeit buhlen. Und die bekommt man am leichtesten, indem man Empörung und Wut auslöst oder Ängste schürt und sei es durch falsche Infos und offensichtliche Lügen.

Um in diesem postfaktischen Zeitalter nicht unterzugehen, braucht es eine besondere „Waffenrüstung Gottes“. Nur mit ihr können wir Christen Widerstand leisten gegenüber den Lügen und maßlosen Übertreibungen. Zu dieser Waffenrüstung gehören nach dem Epheserbrief der Gurt der Wahrheit, der Panzer der Gerechtigkeit und Schuhe, die uns bereit machen für das Evangelium des Friedens.

Wahrheit, Gerechtigkeit und Frieden stehen im Gegensatz zur aktuellen konfliktreichen Welt und ihrer lügnerischen Propaganda. In einer Zeit, in der der Populismus boomt, brauchen wir mehr und nicht noch weniger Wahrheit. Wenn in Europa die Demokratie immer gefährdeter erscheint, braucht es eine besondere Rüstung. Denn es braucht Mut, um aufrichtig zu reden und zu handeln. Wir brauchen den Schutz der göttlichen Waffenrüstung, damit Politikerinnen und Politiker gerecht handeln, und Wählerinnen und Wähler, die sich nicht blenden lassen von populistischen Manipulationen. Nur so kann unsere Welt zur Ruhe kommen, können Gerechtigkeit und Frieden einziehen.

22. Sonntag nach Trinitatis

Lesung: Matthäus 18,21-35

Petrus trat zu Jesus und sprach zu ihm:
Herr, wie oft muss ich denn meinem Bruder,
der an mir sündigt, vergeben?
Ist's genug siebenmal?
Jesus sprach zu ihm: Ich sage dir: nicht siebenmal,
sondern siebzigmal siebenmal.
Darum gleicht das Himmelreich einem König,
der mit seinen Knechten abrechnen wollte.
Und als er anfing abzurechnen, wurde einer vor ihn gebracht,
der war ihm zehntausend Zentner Silber schuldig.
Da er's nun nicht bezahlen konnte,
befahl der Herr, ihn und seine Frau und seine Kinder
und alles, was er hatte, zu verkaufen und zu zahlen.
Da fiel der Knecht nieder und flehte ihn an und sprach:
Hab Geduld mit mir; ich will dir's alles bezahlen.
Da hatte der Herr Erbarmen mit diesem Knecht
und ließ ihn frei
und die Schuld erließ er ihm auch.
Da ging dieser Knecht hinaus
und traf einen seiner Mitknechte,
der war ihm hundert Silbergroschen schuldig;
und er packte und würgte ihn und sprach:
Bezahle, was du schuldig bist!
Da fiel sein Mitknecht nieder und bat ihn und sprach:
Hab Geduld mit mir; ich will dir's bezahlen.
Er wollte aber nicht,
sondern ging hin und warf ihn ins Gefängnis,
bis er bezahlt hätte, was er schuldig war.

Als nun seine Mitknechte das sahen, wurden sie sehr betrübt
und kamen und brachten bei ihrem Herrn alles vor,
was sich begeben hatte.
Da befahl ihn sein Herr zu sich und sprach zu ihm:
Du böser Knecht!
Deine ganze Schuld habe ich dir erlassen,
weil du mich gebeten hast;
hättest du dich da nicht auch erbarmen sollen
über deinen Mitknecht,
wie ich mich über dich erbarmt habe?
Und sein Herr wurde zornig
und überantwortete ihn den Peinigern,
bis er alles bezahlt hätte, was er schuldig war.
So wird auch mein himmlischer Vater an euch tun,
wenn ihr nicht von Herzen vergebt,
ein jeder seinem Bruder.

IMPULS: In seinen Gleichnissen zeichnet Jesus ein Bild von Gott, das ihn als liebendes und freundliches Gegenüber zeigt. Nur so ist er für Jesus vorstellbar. Die Kernbotschaft Jesu lautet: Gott nimmt alle Menschen an – und zwar so, wie sie sind. Im Gleichnis vom Schalksknecht vergleicht Jesus Gott mit einem König, der mit seinen Schuldnern abrechnen will und ihnen die Schuld am Ende erlässt.

Der erste hat beim König einen riesigen Schuldenberg: 10.000 Zentner Silber – eine Summe, die damals kaum einer im Laufe seines Lebens verdienen konnte. Wie wird der König mit diesem Schuldner umgehen? Zunächst macht er das, was man heute bei einer Insolvenz tut: Die Ausgaben stoppen und wenigstens das Übriggebliebene verkaufen. Das hätte den Schuldner, dessen Frau und dessen Kinder in die Sklaverei geführt. Doch der Schuldner fällt vor dem König auf die Knie und bittet um Zeit. Dann will er ihm seine riesengroße Schuldenlast bezahlen. Daraufhin erweist sich der König als gnädig. Er weiß, dass es dem Schuldner niemals gelingen wird, die riesige Summe je zurückzuzahlen. Er lässt ihn frei und erlässt ihm zudem noch seine Schuld. Jesus macht mit diesem Gleichnis deutlich: Gott handelt mit uns Menschen wie der König mit seinem Schuldner. Egal, wie groß die Schuld ist, die wir mit uns tragen, Gottes Gnade ist größer. Er vergibt uns, wenn wir ihn darum bitten.

Aber die Sache mit der Vergebung hat noch eine zweite Seite. Sie zeigt sich im Dialog zwischen Petrus und Jesus. Petrus fragt, wie oft er einem anderen vergeben muss. Und er schiebt hinterher: Reicht es, siebenmal zu vergeben? Die Antwort Jesu zeigt, dass Vergebung und Strichlisten nicht zusammenpassen. Er nennt eine so große Summe, die klarmacht: Vergebung geschieht nur mit vollem Herzen und kennt keine Grenzen. Ähnlich verhält es sich bei der Vergebungsbitte im Vaterunser, wo wir Gott bitten, er möge uns vergeben, um sofort hinzuzufügen „wie auch wir denen vergeben, die an uns schuldig geworden sind." Wir Menschen dürfen nicht wie der Schalksknecht handeln: den König einlullen, bis der die Schuld auf null setzt und dann den Mitknecht einsperren lassen, der eine viel geringere Summe schuldet. Nur wer versucht, barmherzig mit seinem Nächsten umzugehen, kann auf Gottes Barmherzigkeit hoffen.

Reformationstag

Lesung: 5. Buch Mose 6,4-9

Höre, Israel, der Herr ist unser Gott, der Herr ist einer.
Und du sollst den Herrn, deinen Gott, lieb haben
von ganzem Herzen, von ganzer Seele
und mit all deiner Kraft.
Und diese Worte, die ich dir heute gebiete,
sollst du zu Herzen nehmen
und sollst sie deinen Kindern einschärfen
und davon reden, wenn du in deinem Hause sitzt
oder unterwegs bist,
wenn du dich niederlegst oder aufstehst.
Und du sollst sie binden zum Zeichen auf deine Hand,
und sie sollen dir ein Merkzeichen
zwischen deinen Augen sein,
und du sollst sie schreiben auf die Pfosten deines Hauses
und an die Tore.

IMPULS: Gott von ganzem Herzen, ganzer Seele und mit aller Kraft lieben. Das ist eine echte Herausforderung. Und zugleich das Grundgebot des jüdisch-christlichen Glaubens. Gott von ganzem Herzen zu lieben, gilt sowohl im Judentum als auch im Christentum als Zentrum des Glaubens. Im Judentum hat das Sch'ma Jisrael – wie die ersten Worte des Bekenntnisses im fünften Buch Moses auf Hebräisch lauten – darüber hinaus noch einen besonderen Sitz im Leben: Fromme Juden sprechen die Worte täglich. Außerdem steht das Sch'ma Jisrael auf den Gebetsriemen und kennzeichnet den Eingang der Häuser und Wohnungen.

Das Besondere an diesen Worten ist, dass sie die Beziehung zu Gott als Liebesbeziehung beschreiben. Dahinter steht die Vorstellung, dass zwischen Menschen und Gott – ähnlich wie zwischen zwei Menschen – eine einzigartige Liebesbeziehung entstehen kann, die das ganze Leben prägt. Liebe prägt den Glauben an Gott. Im Verhältnis zwischen Gott und den Glaubenden geht es zuerst um Liebe, nicht um Furcht und Zittern oder um Gehorsam. Das gibt dem Glauben eine große Leichtigkeit. Wenn er wie eine Reaktion ist auf Gottes Liebeshandeln, der uns erschaffen hat und uns täglich das gibt, was wir zum Leben brauchen. Darum soll das ganze Leben von der Liebe zu Gott bestimmt sein.

Doch wie bei der zwischenmenschlichen Liebe gibt es auch bei der Liebe zu Gott Höhen und Tiefen. Die Liebe ist nicht ein Leben lang stark und bleibt nicht ständig gleich. Zu Beginn mag sie vielleicht brennen und stark sein. Doch dann nimmt sie wieder ab, wird erwachsener und reifer. Wichtig ist aber, dass wir Glaubende die Liebe zu Gott pflegen. Damit sie wieder wachsen und groß werden kann. Das regelmäßige Gebet tut der Liebe zu Gott ebenso gut wie der Austausch mit anderen Glaubenden, die Teilnahme an einem Gottesdienst oder das Lesen in der Bibel. Wichtig ist, der Liebe zu Gott einen angemessenen Raum und genügend Zeit im Leben zu geben. Nur dann kann es gelingen, Gott von ganzem Herzen, ganzer Seele und mit aller Kraft zu lieben.

23. Sonntag nach Trinitatis

Lesung: Amos 7,10-17

Amazja, der Priester in Bethel, sandte zu Jerobeam,
dem König von Israel, und ließ ihm sagen:
Der Amos macht einen Aufruhr gegen dich
im Hause Israel;
das Land kann seine Worte nicht ertragen.
Denn so spricht Amos:
Jerobeam wird durchs Schwert sterben,
und Israel wird aus seinem Lande
gefangen weggeführt werden.
Und Amazja sprach zu Amos:
Du Seher, geh weg und flieh ins Land Juda
und iss dort dein Brot und weissage daselbst.
Aber weissage nicht mehr in Bethel;
denn es ist des Königs Heiligtum
und der Tempel des Königreichs.
Amos antwortete und sprach zu Amazja:
Ich bin kein Prophet noch ein Prophetenjünger,
sondern ich bin ein Rinderhirt,
der Maulbeerfeigen ritzt.

Aber der Herr nahm mich von der Herde
und sprach zu mir:
Geh hin und weissage meinem Volk Israel!
So höre nun des Herrn Wort!
Du sprichst: Weissage nicht wider Israel
und eifere nicht wider das Haus Isaak!
Darum spricht der Herr:
Deine Frau wird in der Stadt zur Hure werden,
und deine Söhne und Töchter
sollen durchs Schwert fallen,
und dein Acker soll
mit der Messschnur ausgeteilt werden.
Du aber sollst in einem unreinen Lande sterben,
und Israel soll aus seinem Lande vertrieben werden.

IMPULS: Institutionen haben es aktuell nicht leicht. Sie scheinen anfällig dafür, ihre Macht und ihren Einfluss zu missbrauchen. „Widerspruch zwischen Institution und Charisma" – so könnte die Überschrift lauten für das, was sich vor mehr als 2.700 Jahren in der israelitischen Stadt Bethel ereignete. Da erhebt Amazja als Priester des dortigen Tempels schwere Vorwürfe gegen den Propheten Amos. Er wirft ihm Hochverrat vor. Er soll gegen Jerobeam II rebelliert haben, den langjährigen und erfolgreichen israelitischen König. Wenn Amos so schlecht über seinen König und sein Land denkt, dann solle er wegziehen. Wenn der Prophet im Namen Gottes behauptet, der König werde durch das Schwert umkommen und das Volk Israel werde bald in die Verbannung verschleppt, dann wären Juda oder Jerusalem für ihn wohl die passenderen Orte. Jedenfalls soll es Amos nicht mehr wagen, in Bethel als Prophet aufzutreten. Das sei das Heiligtum des Königs und der Tempel des Königreiches Israel. Mit dieser Bemerkung wird das eigentliche Problem deutlich: Bethel wurde als Alternative zum zentralen Heiligtum in Jerusalem erbaut. Nach der Trennung zwischen dem kleinen Südreich und dem großen Nordreich wollten die israelischen Könige eine eigene Kultstätte. Ihre Untertanen sollten nicht auf den Tempel in Jerusalem angewiesen sein. Das ist verständlich, aber ein Tempel muss zuallererst ein Haus Gottes sein. Und es muss den Menschen einleuchten, dass sie Gott dort anbeten.

Amos antwortet auf die Vorwürfe des Priesters ziemlich cool: „Ich bin kein Prophet, sondern ein Rinderhirte und habe keinerlei finanzielle Vorteile, im Namen Gottes zu reden." Er macht deutlich, dass Gott ihn von seinem Arbeitsplatz weggerufen hat. Von ihm hat er den Auftrag, in seinem Namen zu sprechen, weil die Institution versagt und die angestellten Priester und Propheten dem König bloß nach dem Mund reden.

Institutionen haben – auch wenn sie häufig kritisiert werden – einen guten Sinn. Sie sorgen für Verlässlichkeit und können den Menschen dienen. Aber wenn sie sich nur noch um sich selbst kümmern, wenn sie ihre Bedeutung hervorheben, dann braucht es eine Gegenbewegung wie die des Propheten Amos. Auch die Kirche ist vielfältig. Sie hat auf der einen Seite die priesterliche und auf der anderen Seite eine prophetische Funktion. Sie besitzt einen institutionellen Kern und darf zugleich charismatische Aufbrüche nicht bremsen. Sie muss begeistern können und sich gelegentlich kritisch zur Weltlage äußern.

24. Sonntag nach Trinitatis

Lesung: 1. Korintherbrief 9,16-23

Dass ich das Evangelium predige,
dessen darf ich mich nicht rühmen;
denn ich muss es tun.
Und wehe mir, wenn ich das Evangelium nicht predigte!
Tue ich's freiwillig, so wird's mir gelohnt.
Tue ich's aber unfreiwillig,
so ist mir das Amt doch anvertraut.
Was ist denn nun mein Lohn?
Dass ich das Evangelium predige ohne Entgelt,
sodass ich von meinem Recht am Evangelium
nicht Gebrauch mache.
Denn obwohl ich frei bin von jedermann,
habe ich doch mich selbst
jedermann zum Knecht gemacht,
auf dass ich möglichst viele gewinne.
Den Juden bin ich wie ein Jude geworden,
damit ich die Juden gewinne.

Denen unter dem Gesetz
bin ich wie einer unter dem Gesetz geworden
– obwohl ich selbst nicht unter dem Gesetz bin –,
damit ich die unter dem Gesetz gewinne.
Denen ohne Gesetz bin ich wie einer ohne Gesetz geworden
– obwohl ich doch nicht ohne Gesetz bin vor Gott,
sondern bin im Gesetz vor Christus –,
damit ich die ohne Gesetz gewinne.
Den Schwachen bin ich ein Schwacher geworden,
damit ich die Schwachen gewinne.
Ich bin allen alles geworden,
damit ich auf alle Weise etliche rette.
Alles aber tue ich um des Evangeliums willen,
auf dass ich an ihm teilhabe.

IMPULS: „Denn obwohl ich frei bin von jedermann, habe ich doch mich selbst jedermann zum Knecht gemacht", schreibt Paulus, und erweist sich damit als souverän. Frei zu sein und sich gerade deshalb nicht zu schade zu sein, zugleich ein Knecht zu sein, ist wahre Größe. So kann er dem Ziel nachkommen, möglichst viele Menschen für den Glauben an Jesus Christus zu gewinnen, ohne sich selbst mit seinem Ego im Wege zu stehen. Er kann den Juden ein Jude sein und den Heiden ein Heide, ohne sich selbst zu verleugnen.

Heute werden Größe und Souveränität häufig missverstanden. Sie werden mit Durchsetzungsfähigkeit gleichgesetzt. Sich bloß nicht anpassen, nicht reagieren, sondern selbst aktiv gestalten, gelten als Schlüssel zum Erfolg. Wenn Menschen sich aber zwanghaft immer durchsetzen und das letzte Wort behalten müssen, sind sie nicht frei. Im Gegenteil machen sie sich zu Knechten ihres eigenen Anspruchs, sich überall durchzusetzen. Indem sie andauernd frei sein wollen, werden sie paradoxerweise unfrei.

„Ein Christenmensch ist ein freier Herr über alle Dinge und niemandem untertan", schreibt Martin Luther in seiner bekannten Schrift „Von der Freiheit eines Christenmenschen". Und fügt sofort hinzu: „Ein Christenmensch ist ein dienstbarer Knecht aller Ding und jedermann untertan." Die Freiheit der christlichen Lebensführung bewegt sich zwischen diesen beiden Polen: freier Herr zu sein und sich doch nicht zu schade zu sein, sich zum Knecht oder zur Magd zu machen. Das entscheidende Kriterium, ob man mehr dem einen oder dem anderen Pol zuneigt, ist die Liebe. Mal ist es wichtig, den Nächsten zuliebe zurückzustecken und ihnen so zu begegnen, wie sie es brauchen. Und dann ist es wieder wichtig, sich selbst zu lieben und genauso ernst zu nehmen wie den Nächsten. Es gehört zur christlichen Lebenskunst, frei und zugleich dienstbar zu sein und immer wieder zu entscheiden, ob der Akzent gerade mehr auf der Freiheit oder mehr auf der Dienstbereitschaft liegt.

Drittletzter Sonntag des Kirchenjahres

Lesung: Lukas 6,27-38

Jesus sprach:
Ich sage euch, die ihr zuhört:
Liebt eure Feinde; tut wohl denen, die euch hassen;
segnet, die euch verfluchen;
bittet für die, die euch beleidigen.
Und wer dich auf die eine Backe schlägt,
dem biete die andere auch dar;
und wer dir den Mantel nimmt,
dem verweigere auch den Rock nicht.
Wer dich bittet, dem gib;
und wer dir das Deine nimmt,
von dem fordere es nicht zurück.
Und wie ihr wollt, dass euch die Leute tun sollen,
so tut ihnen auch!
Und wenn ihr liebt, die euch lieben,
welchen Dank habt ihr davon?
Denn auch die Sünder lieben, die ihnen Liebe erweisen.
Und wenn ihr euren Wohltätern wohltut,
welchen Dank habt ihr davon?
Das tun die Sünder auch.

Und wenn ihr denen leiht,
von denen ihr etwas zu bekommen hofft,
welchen Dank habt ihr davon?
Auch Sünder leihen Sündern,
damit sie das Gleiche zurückbekommen.
Vielmehr liebt eure Feinde
und tut Gutes und leiht, ohne etwas dafür zu erhoffen.
So wird euer Lohn groß sein,
und ihr werdet Kinder des Höchsten sein;
denn er ist gütig gegen die Undankbaren und Bösen.
Seid barmherzig, wie auch euer Vater barmherzig ist.
Und richtet nicht, so werdet ihr auch nicht gerichtet.
Verdammt nicht, so werdet ihr nicht verdammt.
Vergebt, so wird euch vergeben.
Gebt, so wird euch gegeben.
Ein volles, gedrücktes, gerütteltes und überfließendes Maß
wird man in euren Schoß geben;
denn eben mit dem Maß, mit dem ihr messt,
wird man euch zumessen.

IMPULS: Jesus bittet seine Jüngerinnen und Jünger, sich auf eine sehr besondere Art zu verhalten: Sie sollen denen, die sich gegen sie stellen, in Liebe begegnen. Sie sollen ihre Feinde lieben und denen, die sie hassen, Gutes tun. Und die, die sie verfluchen, sollen sie im Namen Gottes segnen. Und sie sollen für die beten, die sie beleidigen. Es sind Verhaltensregeln, die in unserer Welt kaum einzuhalten sind. Das wird besonders deutlich an einem Beispiel, mit dem Jesus diese Regeln konkretisiert: Wem auf die eine Backe geschlagen wird, soll seinen Widersacher nicht zurückschlagen, sondern ihm die andere Backe hinhalten. Das ist eine Verhaltensweise, der kein Mensch durchgängig gerecht werden kann. So kann letztlich nur Gott handeln. Nur in Sternstunden gelingt es uns Menschen, unsere Feinde und Gegner zu lieben. Ob eine Haltung, wie sie Jesus von seinen Jüngern erbittet, aber wirklich ankommt, steht auf einem ganz anderen Blatt. Vielleicht wird das Hinhalten der anderen Backe sogar als Provokation verstanden. Und am Ende eskaliert der Streit.

Die Bitte Jesu, liebevoll mit Feinden umzugehen, ist mehr als die Goldene Regel. Sie reicht weiter, als andere so zu behandeln, wie man von ihnen behandelt werden will. Jesus stimmt seine Jüngerinnen und Jünger damit auf das Reich Gottes ein, wo ganz andere Maßstäbe gelten als in der Welt. Im Reich Gottes steht Liebe im Mittelpunkt. Genauso, wie Gott sich uns gegenüber als gnädig erweist, so wird es auch von uns gefordert. Wer Jesus folgt und seine Hoffnung auf Gottes unabdingbare Liebe setzt, muss sich anders verhalten. Der muss versuchen, Gottes Liebe weiterzutragen und seine Feinde zu lieben. Wo das gelingt, da ist jetzt schon Gottes Reich mitten unter uns. Dort, wo es uns nicht gelingt, den Regeln Jesu zu folgen – und das wird der häufigere Fall sein –, da steht die Vollendung des Reiches Gottes noch aus.

Vorletzter Sonntag des Kirchenjahres

Lesung: Hiob 14,1-6[7-12]13[14]15-17

Der Mensch, vom Weibe geboren,
lebt kurze Zeit und ist voll Unruhe,
geht auf wie eine Blume und welkt,
flieht wie ein Schatten und bleibt nicht.
Doch du tust deine Augen über einen solchen auf,
dass du mich vor dir ins Gericht ziehst.
Kann wohl ein Reiner kommen von Unreinen?
Auch nicht einer!
Sind seine Tage bestimmt,
steht die Zahl seiner Monde bei dir
und hast du ein Ziel gesetzt,
das er nicht überschreiten kann:
so blicke doch weg von ihm, damit er Ruhe hat,
bis sein Tag kommt,
auf den er sich wie ein Tagelöhner freut.
[Denn ein Baum hat Hoffnung, auch wenn er abgehauen ist;
er kann wieder ausschlagen,
und seine Schösslinge bleiben nicht aus.
Ob seine Wurzel in der Erde alt wird
und sein Stumpf im Staub erstirbt,
so grünt er doch wieder vom Geruch des Wassers
und treibt Zweige wie eine junge Pflanze.

Stirbt aber ein Mann, so ist er dahin;
kommt ein Mensch um – wo ist er?
Wie Wasser ausläuft aus dem See,
und wie ein Strom versiegt und vertrocknet,
so ist ein Mensch, wenn er sich niederlegt,
er wird nicht wieder aufstehen;
er wird nicht aufwachen, solange der Himmel bleibt,
noch von seinem Schlaf erweckt werden.]
Ach dass du mich im Totenreich
verwahren und verbergen wolltest,
bis dein Zorn sich legt,
und mir eine Frist setzen
und dann an mich denken wolltest!
[Meinst du, einer stirbt und kann wieder leben?
Alle Tage meines Dienstes wollte ich harren,
bis meine Ablösung kommt.]
Du würdest rufen und ich dir antworten;
es würde dich verlangen nach dem Werk deiner Hände.
Dann würdest du meine Schritte zählen
und nicht achtgeben auf meine Sünde.
Du würdest meine Übertretung in ein Bündlein versiegeln
und meine Schuld übertünchen.

IMPULS: Die Redewendung „Memento mori" stammt aus dem antiken Rom. Es ist ein kluger Rat, sich mitten im Leben der eigenen Sterblichkeit bewusst zu sein. Die Begrenztheit des eigenen Lebens vor Augen haben, ist auch für die christliche Lebensführung sinnvoll. Wer damit rechnet, jederzeit sterben zu können, handelt entsprechend. Er oder sie lebt intensiver und zugleich bedächtiger. Alles Tun und Lassen bekommt im Blick auf den eigenen Tod einen neuen Wert. Weil immer die Frage mitschwingt, ob das, was man tut, einem wirklich entspricht.

Für Kinder, Jugendliche und junge Erwachsene scheint die eigene Sterblichkeit in aller Regel ganz fern. Das Leben liegt noch vor ihnen und scheint sich endlos zu dehnen. Aber je älter Menschen werden, desto schneller tickt die Lebensuhr. Und desto schneller vergehen die Jahre und Jahrzehnte. Auf einmal merken Ältere, dass sie nicht mehr jung sind. Manche erschrecken geradezu, wie schnell sie alt geworden sind. Im Alter wirkt das Leben oft zu kurz. Der Vergleich mit einer Blume erscheint dann durchaus passend, die nur für wenige Tage blüht und dann schnell verwelkt.

Hiobs Klage, dass jeder Mensch nur kurze Zeit lebt, greift weiter als die Klage über sein eigenes Schicksal. Er schildert, dass das Leben zwar erstrahlen kann wie eine schöne Blume. Aber nach kurzer Zeit ist das Leben verwelkt. Hiob macht mit diesem Bild darauf aufmerksam, dass jedes Leben in Gottes Hand liegt. Er ist nicht nur der Schöpfer des Lebens, sondern trägt dazu bei, dass es Tag für Tag erhalten bleibt. Er gibt Jugend und Alter, Gesundheit und Krankheit. Gerade das ist für Hiob eine Anfrage an Gott, der zugelassen hat, dass Hiob alles genommen wurde, was sein Leben schön gemacht hat: seine Familie und sein Besitz, aber auch seine Gesundheit. Dass er sich nicht von Gott lossagt, ist das Beste, was Hiob jetzt tun kann. Seine Klagen und Anklagen gegenüber Gott sind für uns Heutigen nur schwer erträglich. Letztlich aber sind es Gebetsrufe, die zu Gott dringen, der am Ende Hiobs Leben wieder neu erblühen lässt, bevor es wieder wie eine Blume welk wird und stirbt.

Buß- und Bettag

Lesung Römerbrief 2,1-11
Du kannst dich nicht entschuldigen, o Mensch,
wer du auch bist, der du richtest.
Denn worin du den andern richtest,
verdammst du dich selbst,
weil du ebendasselbe tust, was du richtest.
Wir wissen aber, dass Gottes Urteil zu Recht
über die ergeht, die solches tun.
Denkst du aber, o Mensch,
der du die richtest, die solches tun,
und tust auch dasselbe,
dass du dem Urteil Gottes entrinnen wirst?
Oder verachtest du den Reichtum seiner Güte,
Geduld und Langmut?
Weißt du nicht, dass dich Gottes Güte zur Buße leitet?

Du aber, mit deinem verstockten
und unbußfertigen Herzen,
häufst dir selbst Zorn an für den Tag des Zorns
und der Offenbarung des gerechten Gerichtes Gottes,
der einem jeden geben wird nach seinen Werken:
ewiges Leben denen,
die in aller Geduld mit guten Werken trachten
nach Herrlichkeit, Ehre und unvergänglichem Leben;
Zorn und Grimm aber denen,
die streitsüchtig sind und der Wahrheit nicht gehorchen,
gehorchen aber der Ungerechtigkeit;
Trübsal und Angst über alle Seelen der Menschen,
die das Böse tun, zuerst der Juden und auch der Griechen;
Herrlichkeit aber und Ehre und Frieden allen denen,
die das Gute tun,
zuerst den Juden und ebenso den Griechen.
Denn es ist kein Ansehen der Person vor Gott.

IMPULS: Gottes Gnade ist groß. So groß, dass sie ansteckt und anstecken muss. Gott schenkt allen Menschen seine Liebe und will alle in sein Reich aufnehmen. Dort gilt die Gnade als Währung. Sie wird allen geschenkt, ob sie früh oder spät kommen, viel oder wenig leisten, wie es das Gleichnis Jesu von den Arbeitern im Weinberg beschreibt. In Gottes Reich gelten nicht die herkömmlichen Maßstäbe. Die Ersten werden dort die Letzten sein und die Letzten die Ersten. Wir Menschen werden im Reich Gottes von Gottes Gnade ergriffen. Dadurch können wir selbst mit anderen gnädig umgehen. Das ist dann besonders schwer, wenn wir auf Menschen treffen, die sich uns gegenüber blöd verhalten. Hier werden wir immer wieder ungnädig reagieren.

Doch im Vaterunser beten wir: „Und vergib uns unsere Schuld, wie auch wir vergeben unsern Schuldigern." Wir können von Gott keine Vergebung erbitten, wenn wir nicht selbst bereit sind, anderen Menschen zu vergeben. Natürlich wird uns das nicht dauernd gelingen. Doch wer von Gott beschenkt wird, wird sich automatisch davon anstecken lassen und wird anderen davon abgeben. Ein Anfang ist, weniger über andere zu urteilen. Und nicht – in übler Nachrede – über sie zu urteilen.

Wo es gelingt, uns nicht über andere zu erheben, hat das Auswirkungen auf das Zusammenleben. Wo wir andere nicht verurteilen oder kleinreden, wächst Gottes Reich weiter und weiter. Und Gottes Gnade wird größer und größer. Jeder, der zu ihm kommt, darf sich von ihm angenommen wissen. Ob er ein Außenseiter ist oder ein Insider. Ob er zur bürgerlichen Mitte gehört oder auf der Straße lebt. Gott nimmt jeden an. Weil das so ist, müssen auch wir das tun und dürfen uns nicht über andere erheben.

Letzter Sonntag des Kirchenjahres: Ewigkeitssonntag

Lesung: Matthäus 25,1-13

Jesus sprach zu seinen Jüngern:
Das Himmelreich gleicht zehn Jungfrauen,
die ihre Lampen nahmen
und gingen hinaus, dem Bräutigam entgegen.
Aber fünf von ihnen waren töricht und fünf waren klug.
Die törichten nahmen ihre Lampen,
aber sie nahmen kein Öl mit.
Die klugen aber nahmen Öl mit in ihren Gefäßen,
samt ihren Lampen.
Als nun der Bräutigam lange ausblieb,
wurden sie alle schläfrig und schliefen ein.
Um Mitternacht aber erhob sich lautes Rufen:
Siehe, der Bräutigam kommt!
Geht hinaus, ihm entgegen!
Da standen diese Jungfrauen alle auf
und machten ihre Lampen fertig.
Die törichten aber sprachen zu den klugen:
Gebt uns von eurem Öl, denn unsre Lampen verlöschen.

Da antworteten die klugen und sprachen:
Nein, sonst würde es für uns und euch nicht genug sein;
geht aber zu den Händlern und kauft für euch selbst.
Und als sie hingingen zu kaufen, kam der Bräutigam;
und die bereit waren, gingen mit ihm hinein zur Hochzeit,
und die Tür wurde verschlossen.
Später kamen auch die andern Jungfrauen
und sprachen: Herr, Herr, tu uns auf!
Er antwortete aber und sprach:
Wahrlich, ich sage euch: Ich kenne euch nicht.
Darum wachet!
Denn ihr wisst weder Tag noch Stunde.

IMPULS: Im 25. Kapitel des Matthäusevangeliums geht es um unsere ewige Zukunft, also um die Frage des jenseitigen Lebens. Das passt inhaltlich zum Ewigkeitssonntag, dem letzten Sonntag im Kirchenjahr. Viele Menschen in Mitteleuropa glauben an ein ewiges Leben oder an ein Weiterleben nach dem Tode. Doch wie es im Jenseits sein wird, kann niemand genau vorhersagen. Vermutlich wird es anders als erwartet. Und vor allem stellen sich Fragen: Werden auch wir dort sein? Und was ist mit denen, die wir uns da nicht wünschen? Wird das, was wir auf Erden tun, Auswirkungen haben auf unser Leben in der anderen Welt?

Das Gleichnis von den klugen und törichten Jungfrauen versucht auf diese Fragen Antworten zu geben. Die zehn Brautjungfrauen warten auf das Kommen des Bräutigams. Eine Hochzeitsfeier wird zum Bild für das, was uns in der Ewigkeit erwartet. Sie wird in hellen Farben wie ein fröhliches Fest voller Liebe beschrieben. Wie ein Bräutigam wird Jesus Christus kommen. Mit einem liebevollen Blick auf seine Braut und voller guter Gedanken. Doch die Zeit zieht sich und zwar viel länger als erwartet. Der Tag neigt sich seinem Ende entgegen. Bis die Brautjungfrauen müde werden und schließlich einschlafen. Mitten in der Nacht werden sie von lauten Rufen geweckt: „Siehe der Bräutigam kommt!" Sofort sind alle zehn Brautjungfrauen wach und wollen dem Bräutigam entgegenziehen. Doch nur fünf von ihnen haben noch Öl. Die anderen fünf haben nicht daran gedacht, ein zusätzliches Ölgefäß mitzunehmen. Ihre Öllampen sind während des langen Wartens leergebrannt. Was sollen sie tun? „Gebt uns von Eurem Öl", bitten sie die anderen, „unsere Lampen verlöschen sonst." Doch das Öl reicht nur für fünf Lampen. Und so müssen sich fünf Brautjungfrauen aufmachen und Öl bei einem Händler kaufen. Als sie dann endlich bereit sind, ist der Bräutigam längst da. Er hat die fünf klugen Brautjungfrauen mitgenommen ins Haus der Braut. Jetzt ist die Tür geschlossen. Und die später Gekommenen müssen draußen bleiben. Ein Ende, das kaum passend scheint zum fröhlichen Hochzeitsfest. Es macht aber deutlich, dass das, was wir auf Erden tun und lassen, sich auswirken kann auf das Leben in der Ewigkeit.

Letzter Sonntag des Kirchenjahres: Totensonntag

Lesung: Johannes 5,24-29

Jesus sprach:
Wahrlich, wahrlich, ich sage euch:
Wer mein Wort hört und glaubt dem,
der mich gesandt hat,
der hat das ewige Leben
und kommt nicht in das Gericht,
sondern er ist vom Tode zum Leben hindurchgedrungen.
Wahrlich, wahrlich, ich sage euch:
Es kommt die Stunde und ist schon jetzt,
dass die Toten hören werden
die Stimme des Sohnes Gottes,
und die sie hören, die werden leben.
Denn wie der Vater das Leben hat in sich selber,
so hat er auch dem Sohn gegeben,
das Leben zu haben in sich selber;
und er hat ihm Vollmacht gegeben, das Gericht zu halten,
weil er der Menschensohn ist.
Wundert euch darüber nicht.
Es kommt die Stunde, in der alle, die in den Gräbern sind,
seine Stimme hören werden,
und es werden hervorgehen, die Gutes getan haben,
zur Auferstehung des Lebens,
die aber Böses getan haben,
zur Auferstehung des Gerichts.

IMPULS: Am letzten Sonntag des Kirchenjahres erinnern wir uns in der Christenheit an die Verstorbenen und blicken auf ihr Leben zurück. In den Gottesdiensten werden die Namen der Menschen vorgelesen, die im zurückliegenden Jahr gestorben sind. Meist wird für jeden und jede – als Symbol für das ewige Leben – eine Kerze an der Osterkerze entzündet und auf den Altar gestellt. Die Angehörigen der Verstorbenen gehen in der Regel nach dem Gottesdienst auf den Friedhof. Sie denken an den Gräbern an die Menschen, die ihnen seit Wochen oder Monaten oft bitter fehlen.

Im Johannesevangelium macht Jesus auf einen Aspekt des ewigen Lebens aufmerksam, der vielen Angst macht. Er spricht vom Jüngsten Gericht. Aber er spricht davon auf eine Weise, die tröstet und die sich von der traditionellen Vorstellung abhebt. Nach der herkömmlichen Ansicht müssen sich die Verstorbenen dem Gericht im Jenseits stellen. Es gibt die Vorstellung, dass die einen nach Gottes Urteilsspruch das ewige Leben empfangen, andere aber nicht. Das Besondere an der Jenseitsvorstellung im Johannesevangelium ist, dass hier das Gericht präsentisch verstanden wird. Es findet nicht erst in der Ewigkeit statt, sondern schon im Hier und Jetzt. Das ewige Leben hat so Auswirkungen schon in der Gegenwart. Schon jetzt erhalten die einen das ewige Leben und werden über die Schwelle des Jüngsten Gerichts gehoben. Wer das Wort des Lebens hört und ihm vertraut, der findet schon jetzt alles, was in der Zukunft gelten wird.

Diese präsentische Vorstellung lässt sich zwar kaum durchgängig aufrechthalten, aber es ist gut, immer wieder auf sie zurückzukommen. Denn nur dann, wenn sich die jenseitige Welt schon in der Gegenwart auswirkt, ist sie mehr als eine Vertröstung. Das Jenseits soll ja nicht die Gegenwart erträglich machen, die als trist wahrgenommen wird. Das ewige Leben muss das irdische Leben im Hier und Jetzt vervollständigen. Sonst besitzt die Hoffnung auf ein Jenseits nur wenig Gewicht und kann zu einer hohlen Phrase oder einem leeren Traum werden.

Durch das Kirchenjahr

Septuagesimae? Quasimodogeniti? Was heißt das eigentlich?
Die Jahrtausende alte Tradition des Kirchenjahrs macht jedes Jahr einen Gang durch die Basics des Glaubens und bietet ständig neue Möglichkeiten, sie zu vertiefen. Dieses Buch möchte die Schätze aufdecken und dazu einladen, sie für das eigene Leben zu heben. Dabei kommen sowohl Kirchenjahr-Neulinge als auch Liturgieprofis auf ihre Kosten. Die kurzen Texte für jeden Sonn- und Feiertag des evangelischen Kirchenjahrs helfen dabei, einen größeren Überblick zu gewinnen und tiefer zu schürfen, inhaltliche Zusammenhänge zu entdecken und gewachsenen Strukturen zu verstehen. Sie können für die eigene Andacht, als Predigtvorbereitung oder als fertige Leseandacht in Gruppen zum Einsatz kommen.
Vor allem aber laden sie ein, Gott in den Festen und im Alltag des Kirchenjahrs neu zu begegnen.

Beate Schütz
Im Licht seiner Liebe
Ein Begleiter für das Kirchenjahr,

gebunden, 192 Seiten,
ISBN 978-3-7615-6938-2

neukirchener